R.E.I. Editions

Tutti i nostri ebook possono essere letti sui seguenti dispositivi:
- Computer
- eReader
- iOS
- Android
- Blackberry
- Windows
- Tablet
- Cellulare

Degregori & Partners

Investire in oro

Quaderni di Finanza 29

ISBN: 978-2-37297-4103
Disponibile anche in formato Ebook - ISBN: 978-2-37297-4301

Pubblicazione: febbraio 2016
Nuova edizione aggiornata agosto 2022
Copyright © 2016 - 2022 R.E.I. Editions
www.rei-editions.com

Le informazioni sui prodotti finanziari e i commenti ai mercati espressi in questo volume non rappresentano in alcun modo una raccomandazione all'acquisto o alla vendita di titoli. Nessuna informazione contenuta nel presente testo costituisce o deve essere interpretata come un consiglio di investimento, legale o fiscale: una consulenza professionale e specifica è sempre indispensabile prima di prendere qualsiasi decisione di investimento.

I Quaderni di Finanza hanno lo scopo di promuovere la diffusione dell'informazione e della riflessione economico-finanziaria sui temi relativi ai mercati mobiliari nazionali e internazionali e alla loro regolamentazione.

Piano dell'opera

Degregori & Partners

INVESTIRE IN ORO

R.E.I. Editions

Indice

Investire in Oro

E' passato più di un secolo dall'epoca del Klondike, ma l'oro torna periodicamente a essere un bene rifugio molto richiesto. L'oro è il metallo più malleabile e duttile. Un'oncia d'oro può essere lavorata e diventare un filo lungo 35 miglia. Dopo l'argento è il miglior conduttore di calore ed elettricità, ma a differenza dell'argento è molto resistente all'ossidazione: il che rende l'oro uno dei metalli più inerti che si trovino in natura. La crosta terrestre contiene, mediamente, oro allo 0,0001%. Questo spiega perché trovare l'oro è una cosa molto complicata. Può essere o troppo disperso nell'ambiente oppure può trovarsi troppo in profondità ed è difficile anche separarlo dalla roccia che lo contiene. Trovare un giacimento d'oro costa molti milioni di dollari se si considera che non tutti i tentativi vanno a buon fine. Solo gli studi di fattibilità costano decine di milioni di dollari nel caso dei giacimenti più grossi. Costruire poi la miniera richiede anni, e il costo va da un minimo di 10 milioni di dollari a un massimo di un miliardo di dollari. Oltre ai classici usi che tutti conosciamo (gioielli, monete ecc. ecc.), l'oro è anche un metallo industriale. La domanda industriale d'oro ammonta a circa 450 tonnellate l'anno. Le applicazioni industriali dell'oro sono molteplici e in continuo aumento. Tra le più importanti ricordiamo che l'oro può essere utilizzato come catalizzatore, per decorare oggetti e costruzioni, nell'elettronica e nelle applicazioni elettroniche, nelle nanotecnologie, nelle applicazioni dentali e biomedicali. L'offerta d'oro proveniente da estrazioni minerarie è estremamente anelastica (non dipende quasi per nulla dal prezzo di mercato dell'oro). L'offerta d'oro proveniente dagli scraps (rottami, pezzi riciclati, gioielli fusi e rimessi sul mercato) è invece elastica. Se il prezzo dell'oro sale l'offerta di scraps aumenta. Passando alla domanda, dobbiamo ricordare che la domanda d'oro nel settore della gioielleria è molto elastica: se il prezzo dell'oro sale diminuisce la domanda da gioielleria. La domanda industriale, invece, è relativamente inelastica. L'oro non può essere considerato una semplice materia prima. L'oro è qualcosa di più e di diverso da una semplice materia prima. Infatti, per tutta la storia dell'umanità, l'oro ha rappresentato il modo più semplice, sicuro e conveniente di conservare la ricchezza prodotta o acquisita dagli essere umani. L'oro in sostanza è denaro. Anche i gioielli in oro sono nati per questa ragione: per portare con sé la propria ricchezza ed evitare di doverla occultare col rischio di perderla. Ogni volta che si riaffacciano crisi di stabilità mondiale o dei mercati finanziari l'oro ritorna ad essere oggetto di interesse da parte degli investitori. La domanda di Banche Centrali (quella cinese in primis) e degli investitori professionisti che ne fanno incetta sostiene il prezzo, che in euro ha toccato addirittura un record assoluto (1.380 euro l'oncia). Da più di 3.000 anni l'oro viene usato come mezzo volto a preservare la ricchezza, e la risposta risiede, più che nelle caratteristiche intrinseche dell'oro, nella sua rarità. Oggigiorno l'oro sta divenendo sempre più difficile da trovare e di conseguenza da estrarre. L'oro è sei volte più raro del platino e addirittura diciotto volte più dell'argento. Le sue caratteristiche ne fanno un metallo quasi impossibile da distruggere. Date le proprietà fisiche che lo contraddistinguono, l'oro non viene influenzato dalle reazioni generate dall'ossigeno e dal solfuro di idrogeno. Come conseguenza, non può arrugginirsi, ossidarsi o decomporsi. Non è possibile neppure la fusione sotto i 1063 gradi Celsius. La dissoluzione dell'oro può aversi solo per mezzo del cianuro. Dopo 30 secoli di estrazione, nuovi giacimenti diventano sempre più difficili da scoprire. Il Sud Africa, la nazione più importante al mondo per produzione, ha visto il suo quantitativo di estrazione più che dimezzarsi nell'ultimo decennio. Dal 2008, il prezzo di estrazione di un'oncia d'oro, per le imprese dedite alla ricerca dell'oro nel Nord America, si è raddoppiato. L'anno scorso, il tasso di inflazione, comprensivo di tutti i costi, ha raggiunto il 27% in tutto il mondo. Il totale complessivo di oro presente nel suolo terrestre cresce soltanto dell'1% all'anno. La maggior parte degli investitori privati vedono l'oro come un'assicurazione contro le deficitarie politiche monetarie inerenti all'amministrazione del denaro operate dalle banche centrali e inoltre, come mezzo di difesa contro le ingenti spese di governo e l'instabilità finanziaria. L'oro tende ad attirare gli investitori quando i guadagni reali derivanti dal denaro contante e dai titoli obbligazionari sono negativi e in diminuzione, a prescindere dall'incremento o meno dei tassi di interesse nominali. Investire in oro non è più soltanto per gli investitori istituzionali o le banche centrali. Ormai anche i privati scelgono di investire in oro per speculare sul prezzo, o per proteggere dall'inflazione i propri risparmi. Malgrado le incertezze che attualmente toccano il mercato dell'oro, gli investitori sembrano sempre fedeli al famoso metallo giallo. Cerchiamo perciò di comprendere perché l'oro è considerato come il valore rifugio per eccellenza e quali sono i vantaggi che spingono gli investitori a rimanergli fedeli. L'oro è considerato veramente come un valore rifugio solido dagli investitori. In questo clima di crisi europea, infatti, gli investitori hanno difficoltà a ritrovare fiducia in una possibile ripresa dell'economia. I mercati, che subiscono una volatilità molto importante, contribuiscono ad alimentare questo sentimento di dubbio e le notizie economiche, così come la pubblicazione di vari indicatori tecnici, non rassicurano gli investitori. È' questa situazione particolare che spinge gli investitori a rivolgersi verso i valori rifugio come l'oro, a far sì che gli investitori cerchino di investire in valute non troppo instabili ma soprattutto a cercare la sicurezza altrove. È nell'oro che si esprime questa ricerca visto che si constata che malgrado la ripresa dell'EUR/USD gli investitori continuano a comprare oro. E ancora, non sembrano decidersi a incassarne i profitti neanche quando l'oro perde dei punti in quantità non trascurabile. La spiegazione di questa constatazione sta nel fatto che gli investitori vedono oggi l'oro come un investimento a lungo termine e hanno una fiducia inalienabile nella tendenza al rialzo che l'oro subisce da diversi anni. Più che un investimento, l'oro è diventato un vero e proprio metodo di risparmio che seduce sempre più investitori privati a corto di redditività a medio o lungo termine. Per capire meglio cosa influenza l'evoluzione dell'oro nel tempo, è essenziale ricordare qui alcuni dati fondamentali riguardanti questa materia prima. Ricordiamo soprattutto che l'oro è prodotto soltanto in alcuni paesi tra i quali la Cina, l'Australia, gli Stati Uniti, la Russia e il Sudafrica. È altrettanto importante notare che il Sudafrica, che era il primo produttore mondiale negli anni '80, oggi non produce che l'8% dell'oro. Per quanto riguarda le importazioni, riguardano soprattutto l'India e la Cina, la cui legislazione ha recentemente autorizzato i privati e i professionisti a possedere oro. Ma i più grandi possessori d'oro sono spesso le banche centrali internazionali. È anche importante capire che all'origine l'oro era una moneta a pieno titolo, come l'argento. Il suo ruolo si è quindi modificato al momento dell'apparizione della carta moneta. Ma ha continuato comunque ad avere un valore monetario forte in quanto garanzia a partire dal

XIX secolo. All'epoca era comunque convertibile in moneta secondo un rapporto fisso. È in seguito ai periodi inflazionistici successivi alle due guerre mondiali, che, in occasione degli accordi di Bretton Woods, l'oro è stato correlato unicamente con il Dollaro americano, il quale svolge ancora oggi questo ruolo. Il biglietto verde svolge dunque il ruolo di tallone per tutte le altre valute mondiali. Ma l'aumento progressivo della quantità di moneta americana ha reso questo sistema obsoleto a partire dalla fine del 1971, anche se l'oro continua ancora oggi a essere quotato in Dollari. È solo a partire dal 1971, dunque, che si è potuto quotare l'oro sui mercati a partire da 35 dollari l'oncia. Malgrado le forti variazioni, l'oncia d'oro ha raggiunto un picco nel 1980a 850 dollari. Se tale valore di 850 dollari può apparire basso, è importante capire che rispetto al livello di vita dell'epoca corrispondeva a oltre 2000 dollari attuali. Dopo questa data, l'oro ha conosciuto una fase di correzione importante, cadendo a 300 dollari nel 1982 per poi riprendersi nel 2006 risalendo a 500 dollari l'oncia. Ma il rialzo più forte dell'oro si è osservato nel 2008 quando l'oncia ha raggiunto i 1011,25 dollari prima di cadere, come le altre materie prime, a causa dell'inizio della crisi finanziaria verso i 690 dollari in un solo anno. Si è dovuto attendere il 2009 perché l'oncia d'oro giocasse infine il suo ruolo di valore rifugio e progredisse in maniera spettacolare, raggiungendo un prezzo di 1500 dollari nel 2011 e poi mai al di sotto di 1908 dollari nell'agosto dello stesso anno, livello che rimane attualmente il più elevato storicamente. Il ribasso relativo che abbiamo potuto osservare tra il 2011 e oggi è dovuto a una serie di voci che riguardano vendite massicce da parte delle banche centrali e ad alcune norme tra le quali la legge Dodd- Frank, senza contare i prelievi dei guadagni puramenti tecnici effettuati dagli investitori all'avvicinarsi della soglia psicologica dei 2000 dollari l'oncia. Mentre gli economisti scommettevano in maggioranza sul persistere del rialzo dei valori dell'oro, perlomeno fino alla soglia psicologica dei 2.000 $ l'oncia, si assiste da alcuni mesi a una discesa dei prezzi di questa materia prima. Ma quali sono le cause di questa caduta dell'oro? Ecco la risposta. Poco tempo fa, una decisione della BCE ha spinto Cipro, e in particolare la sua banca centrale, a svendere almeno 10 tonnellate d'oro delle sue riserve. Ma questo fenomeno da solo non spiega i timori degli investitori. Questi ultimi temono che altre banche centrali, come Cipro, si vedano obbligate a rivendere una parte del loro oro fisico. Se si presentasse un caso simile, si assisterebbe a un afflusso massiccio di oro sul mercato e quindi a un ribasso dei prezzi generato da un'offerta maggiore della domanda. Notiamo, infatti, che i paesi europei sono quelli che possiedono le più grandi riserve d'oro e che sono anche tra i più colpiti dalla crisi del debito.

Altra spiegazione che si può portare da un punto di vista fondamentale riguarda questa volta il rialzo sensibile dei valori dei principali attivi borsistici. Questo rialzo è dovuto al sostegno delle grandi banche centrali che acquistano dei titoli per immettere liquidità sui mercati. In questo contesto questi attivi borsistici non possono che acquistare valore. Quindi gli investitori attualmente hanno la tendenza a trascurare l'oro e le altre materie prime (vedasi il drastico calo del prezzo del petrolio) per investire su dei valori più sicuri, dei quali gli attivi borsistici fanno ormai parte. A causa della crisi e dell'entrata in recessione economica di diversi paesi della zona Euro, attualmente assistiamo a una forte deflazione, con dei tassi d'inflazione estremamente bassi. Il che spiega anche il calo dell'oro così come quello delle altre materie prime come il petrolio. In questo caso è il calo della domanda e del consumo legati a questa deflazione che spingono gli investitore a rifuggire l'oro. Secondo i principali specialisti e analisti del mercato dell'oro, esiste un vero e proprio legame tra i valori del dollaro e quelli dell'oncia d'oro. Questa relazione particolare viene chiamata "correlazione inversa" il che significa che i valori dell'oro reagiscono proporzionalmente ai valori del dollaro ma nella direzione opposta. Questa correlazione inversa è stata ampiamente verificata storicamente ed è semplice constatare, attraverso i grafici degli ultimi anni, che quando il valore del dollaro scende i prezzi dell'oro aumentano e viceversa. Questa informazione è fondamentale per gli investitori che desiderano speculare sul valore dell'oro perché, seguendo questo indicatore preciso, è possibile anticipare sia i rialzi sia i ribassi del prezzo di questo metallo. Come spiegare la correlazione inversa tra l'oro e il dollaro? Per capire le ragioni di questa correlazione inversa, bisogna fare ricorso a due nozioni distinte. La prima riguarda la crescita economica statunitense. Si sa, infatti, che quando l'economia americana va bene e la crescita è presente, alcuni investimenti diventano molto redditizi, come le stock option o i bond, il che spinge i trader a ritirare i loro fondi piazzati sugli altri mercati, come quello delle materie prime, per approfittare delle nuove opportunità. D'altra parte, è bene ricordarsi che l'oro è quotato in dollari. Di conseguenza, quando il dollaro presenta un tasso di cambio meno significativo di fronte alle altre valute, i proprietari di queste valute straniere beneficiano di un prezzo d'acquisto interessante. Ci sono quindi più acquirenti nel mondo e, conseguentemente, più domanda il che provoca un rialzo sensibile dei prezzi dell'oro. In ragione di questa correlazione inversa gli investitori più esperti, in caso di caduta dei valori del biglietto verde, riescono a coprire le loro posizioni aperte nel Forex con quella aperta sull'oro. Il Fondo Monetario Internazionale indica che la quantità d'oro stoccata nelle casseforti delle istituzioni finanziarie non é mai stata così importante. Questo oro costituisce per questi stati una piattaforma di sicurezza che permette di fare fronte alla crisi. È per questo che le banche centrali degli stati con economie così dette emergenti si sono messi in questi ultimi anni ad acquistare sempre più metallo prezioso. Secondo il WGC, Consiglio Mondiale dell'Oro, Mosca ha ordinato 15,5 tonnellate d'oro dopo aver già aggiunto, nel 2011, 94 tonnellate di metallo ai suoi stock valutati attualmente a 911 tonnellate. La Cina figura anch'essa nella lista dei grandi acquirenti del metallo giallo del pianeta con 1.054 tonnellate d'oro in stock. Gli specialisti del mercato dei prodotti di base spiegano che l'interesse crescente per il metallo giallo ha un rapporto con l'evoluzione della situazione economica planetaria. Con le incertezze che aleggiano sul mercato, tanto i tecnici che progettano le politiche economiche degli stati che gli investitori cercano di costituirsi una riserva d'oro, che è un prodotto borsistico più sicuro. L'oro ritrova quindi più che mai il suo statuto di valore rifugio. In un'epoca in cui gli attivi dinamici e le principali monete come il dollaro perdono valore, l'acquisto di metallo prezioso registra un forte aumento. I detentori di attivi oro sono meglio protetti contro i rischi inflazionistici. Considerato come una moneta universale di scambio, l'oro può servire per regolare tutte le transazioni che si appoggiano sui prodotti di base, quali che siano le circostanze. Inoltre, questa materia prima rimane anche un segnale di ricchezza e di potenza. Gli strumenti per investire in oro rientrano in due principali macroaree:

- Area dell'investimento in oro fisico.
- Area dell'investimento in oro finanziario.

Non vi è un modo migliore dell'altro per investire in oro, in quanto tutto dipende dal motivo che spinge a investire in oro. Infatti, sia l'investimento in oro fisico sia l'investimento in oro finanziario, presentano vantaggi e svantaggi. Le due forme di investimento tendono a compensarsi in quanto i lati positivi di uno sono i lati negativi dell'altro (e viceversa). Investire in oro fisico non ha nulla a che vedere con gioielli, bracciali, collane e similari. Il motivo è semplice: il costo di un gioiello non è dato esclusivamente dal valore di oro puro che contiene. I costi relativi alla lavorazione, al marchio e alla pubblicità, sono devastanti per un investitore che punta semplicemente a veder aumentare il prezzo dell'oro. E' per questo motivo che quando i grandi investitori vogliono investire in oro fisico, la loro scelta ricade sostanzialmente su due strade: monete e lingotti da investimento.

Quotazioni oro

Le quotazioni oro rappresentano un elemento fondamentale da tenere in considerazione per coloro che scelgono di investire in oro, sia fisico sia finanziario. Esistono numerosi siti online che offrono la possibilità di monitorare le oscillazioni quotidiane delle quotazioni dell'oro, in modo da avere sempre sotto controllo l'andamento di questo metallo prezioso. Le quotazioni dell'oro sono ovviamente soggette a rialzi e ribassi come qualunque altra tipologia di investimento, ma sono meno brusche, sia in positivo sia in negativo, rispetto a quelle di altre asset class, ad esempio le azioni, e permettono così di evitare perdite catastrofiche in pochi minuti. Le quotazioni dell'oro seguono un andamento piuttosto ciclico. Nel giro degli anni, infatti, i cicli naturali dell'oro, tralasciando alcune variazioni in un senso o nell'altro che possono interessare il breve periodo, tendono a salire piuttosto costantemente e quindi a scendere allo stesso modo. Chi sceglie di investire in oro dovrà essere in grado di comprendere la fase attuale del ciclo naturale, per decidere se ci si trova in un buon momento per acquistare o se, al contrario, è preferibile dirigersi verso altri investimenti e attendere un momento migliore per le quotazioni aurifere. Analizzando i cicli passati, si può notare come le quotazioni dell'oro siano solitamente in aumento durante i periodi di profonda crisi finanziaria a livello internazionale. Guerre, catastrofi naturali e disordini portano solitamente gli investitori a rivolgersi all'oro, considerato il bene rifugio per eccellenza, in grado di preservare la ricchezza. Nei periodi in cui l'inflazione sale, a causa di un'immissione eccessiva di moneta sul mercato, seguita immediatamente dal rialzo dei prezzi e quindi dalla perdita di potere d'acquisto, gli investitori rivolgono la loro attenzione all'oro, che permette di tenere i propri averi al riparo dalla svalutazione.

- La legge della domanda e dell'offerta, che regola il mercato economico nella maggior parte dei casi, non vale inoltre per l'oro: data la scarsità di oro presente nel mondo, non ci sarà mai un'offerta tale da diminuirne le quotazioni in maniera drastica, mentre la crescente domanda, proveniente in larga percentuale dai paesi in via di sviluppo, tende nel lungo periodo a incrementarne il valore.

Le quotazioni dell'oro, sia fisico sia finanziario, interessano in particolar modo coloro che decidono di investire in questo metallo prezioso per ottenere forti plusvalenze nel breve periodo. Sebbene, infatti, la maggior parte degli investitori in oro consideri questo metallo prezioso come una riserva di ricchezza, dalla quale eventualmente trarre anche un profitto nel lungo tempo, ci sono coloro che agiscono sul mercato dell'oro come su quello azionario. A questi soggetti, che privilegiano per ovvie ragioni l'acquisto di oro finanziario, anche piccoli ribassi potranno creare disagi economici di una certa entità e per tale motivo tenere d'occhio le quotazioni diventa d'importanza fondamentale. Chi invece decide di investire in oro nel lungo periodo, dovrà valutare le quotazioni in un'ottica più ampia: una tendenza al ribasso può essere vista come un'opportunità futura. A una fase discendente del ciclo, seguirà infatti nel corso degli anni una fase ascendente, per tale ragione acquistare oro nel momento in cui le sue quotazioni sono molto basse sarà la scelta vincente, anche se potrebbe apparire poco conveniente nel breve periodo. A inizio anni '70 l'oro era scambiato intorno ai 35 $

l'oncia, basti vedere le quotazioni del 1970 con minimi a 34,74 e massimi a 39,19 $. La crescita degli anni seguenti è invece stata vertiginosa e in gran parte collegabile alle ricorrenti "crisi energetiche" che determinarono crisi nei mercati, rendendo l'oro sempre più un bene di rifugio. L'oro passa poi dai 43,72 $ del gennaio 1972 ai 186,50 $ del dicembre 1974, quadruplicando il suo valore. Seguirono alcuni anni di assestamento, prima di un'ulteriore rottura al rialzo fra il '78 e il '79 che portò i prezzi del metallo a valori mai toccati prima.

Nel 1979 le quotazioni salirono da 227 $ a 554 $ e anche il 1980 fu nel segno del rialzo.

L'oro veniva battuto a prezzi vertiginosi, si registrò una massima di 850 $ l'oncia, destinata a rimanere record storico per 28 anni, appunto fino alla crisi del 2007-2008. Le quotazioni di questi anni furono dettate dalle vicende politiche del periodo, non certamente dall'andamento del settore della gioielleria, la cui domanda registrò un marcato calo (tanto è vero che la domanda nel comparto gioielleria tornerà ai livelli del 1978 soltanto nel 1984). Pesò l'invasione sovietica dell'Afghanistan e il 21 gennaio 1980 l'oro siglò il suo record storico a 850 $ l'oncia. A metà marzo, con una situazione politica più stabile, era invece scambiato a 481,50 $: le quotazioni in meno di quaranta sedute avevano perso il 43%. Fra il 1981 e il 1985 il prezzo dell'oro continuò a scendere (vale la pena segnalare i 95 $/oncia persi in una sola settimana nel febbraio 1983).

Nel 1985 le quotazioni restarono ingabbiate fra i 284 e i 340 $ l'oncia per l'intero anno.

Nella seconda metà degli anni '80 le quotazioni recuperarono i 400 $/oncia, (la massima è nel 1987 a 502 $) per poi incamminarsi in una lenta discesa, individuabile dal 1989 fino all'inizio del nuovo millennio. Nel 1933, un'oncia d'oro era fissata a $ 35. Usando il

Calcolatore dell'Inflazione degli Stati Uniti siamo in grado di determinare, sulla base di statistiche ufficiali dell'inflazione degli Stati Uniti, quanti dollari ci sarebbero voluti in ogni anno successivo per comprare la stessa quantità di beni e servizi che 35 $ acquistavano nel 1933.

Ad esempio, nel 1970 ci sarebbero voluti 104 $ per acquistare le stesse merci che 35 $ acquistavano nel 1933. Nel 1996, ci sarebbero voluti 422 $. Pertanto, se il prezzo dell'oro all'oncia era 104 $ nel 1970 e di 466 $ nel 1996, l'oro avrebbe esattamente compensato il suo proprietario per la perdita di potere d'acquisto che il dollaro di carta inflazionato stava sperimentando.

La situazione politica ed economica di inizio millennio portò a radicali cambiamenti. Dopo lunghi anni di "toro" le borse iniziano a segnare la crisi, scoppia la bolla dell'e-economy, alcuni scandali scuotono l'economia mondiale (Enron, Parmalat), i fatti dell'11 settembre 2001 scuotono il mondo e la finanza.

Riparte la corsa all'oro, da sempre bene di rifugio nei momenti di crisi delle Borse. La crescita dei prezzi dell'oro è fin da subito decisa.

Nel 2002 le quotazioni erano sempre state sotto i 300 $ (293 $ la massima), a fine 2003 il metallo giallo è già scambiato sopra i 400 $ e due anni più tardi cade anche la barriera dei 500 $.

La scalata dell'oro trova nuova e poderosa forza con la crisi dei mutui subprime del 2007. L'unico momento (significativo) in cui i prezzi dell'oro scendono nell'ultimo decennio si ha nel 2008, più che per il placarsi della crisi, per l'avvicinarsi della soglia psicologica dei 1.000 $ all'oncia. I prezzi scendono e a novembre 2008 per un'oncia sono sufficienti poco più di 700 $ (in quest'area le quotazioni rimbalzano sui massimi del 2006). Da questo punto in poi è un'impennata unica: l'oro impiega un solo trimestre per riaffacciarsi in prossimità dei 1.000 $/oncia e dopo un primo tentennamento, la seconda metà del 2009 è tutta sopra l'area dei 1.000 $.

Nell'autunno 2009 l'oro è scambiato sopra i 1.200 $, prima di una correzione dovuta in parte a realizzi e in parte alle vicende dell'India, dove la "crisi dei monsoni" è andata a intaccare la domanda d'oro del primo paese per quanto riguarda la domanda individuale. A inizio 2010 le quotazioni trovano appiglio in area appena inferiore ai 1.100 $, dove si è formato un triplo minimo che definisce la ripartenza verso nuovi record. In area 1.230 $ la resistenza si fa sentire, tuttavia questa volta non ha la forza di fermare la corsa dell'oro che rompe anche i 1.250 $, tutto ciò mentre l'euro si è deprezzato rispetto alla valuta statunitense, rendendo per noi europei più amplificata l'ascesa delle quotazioni dell'oro.

Nelle settimane successive i prezzi dell'oro scendono fino a toccare minimi in area 1.160 $, per poi recuperare i 1.230 $ a fine agosto 2010.

Nel corso di tutto il 2011 il prezzo dell'oro `è aumentato di oltre il 12%, nonostante le due fasi di contrazione registrate a settembre e novembre/dicembre. Di fatto, il 2011 `è stato il decimo anno consecutivo in cui il prezzo dell'oro `è aumentato. Sino alla metà di settembre 2012 il prezzo dell'oro è ulteriormente salito, in mezzo a una forte volatilità, portandosi a 1.770 dollari, vale a dire in aumento di oltre il 15% dall'inizio del 2012.

Nel 2013 i prezzi sono crollati del 28,3% e a inizio gennaio 2014 il metallo veniva scambiato a 1.238 dollari l'oncia. Si è trattato del peggiore risultato dal 1981, che ha interrotto 12 anni di rialzi ininterrotti.

Le quotazioni dell'oro sono crollate in coincidenza con il recupero del comparto azionario e obbligazionario. Non è un caso, infatti, che i metalli si fossero impennati proprio negli anni della crisi finanziaria, con l'oro che si era portato, dagli 800 dollari l'oncia del periodo pre- Lehman Brothers, fino all'apice dei 1.921 dollari del 6 settembre 2011, e puntando verso i 2.000, quando si temeva per la sopravvivenza dell'Eurozona.

Inoltre, le politiche monetarie ultra-accomodanti delle banche centrali hanno indotto gli investitori a rifugiarsi nel metallo prezioso, sull'attesa di un aumento dell'inflazione e per via dell'indebolimento del dollaro, valuta con cui si acquistano le materie prime e lo stesso oro. Negli ultimi giorni di fine 2014, sui mercati internazionali delle materie prime, l'oro si è mosso in rialzo ma restando ancora sotto la barriera critica dei 1.200 dollari l'oncia. Una soglia appena sopra la qualele quotazioni del metallo prezioso erano partite nel gennaio del 2014, fino ad arrivare, a metà marzo, a toccare il massimo annuo a 1.377 dollari, mentre il minimo è stato raggiunto all'inizio di novembre a quota 1.144,34 dollari l'oncia.

Il metallo ha chiuso il 2015 con un calo dei prezzi del 10%, rispetto ai livelli di apertura. Il giorno 24 dicembre 2015 veniva scambiato a 1.171.70 dollari l'oncia contro i 1.186,80 del 1° gennaio. A questo punto, l'oro vale il 44% in meno rispetto all'apice toccato agli inizi di settembre del 2011, in piena crisi dell'euro.

Oro finanziario

Con il termine oro finanziario ci si riferisce a tutti quegli strumenti (prodotti finanziari) che permettono di investire in oro senza detenerlo fisicamente.

L'investimento in oro finanziario è un investimento che permette di essere esposto al prezzo dell'oro, e quindi di guadagnare o perdere a seconda del movimento del prezzo dell'oro fisico, ma senza dover acquistare dell'oro fisico. Da questo punto di vista l'investimento è più comodo. Ma l'investimento in oro finanziario presenta dei rischi che non ha l'investimento in oro fisico. Sono stati creati numerosi strumenti finanziari che ti permettono di guadagnare (o perdere) da un investimento in oro, proprio come se lo possedessi fisicamente.

Gli strumenti più comuni per investire in oro finanziario sono:

- E.T.F. o E.T.C. sull'oro
- Futures sull'oro
- Opzioni sull'oro
- Azioni di società minerarie

E.T.F. - E.T.C.

Gli Exchange Traded Funds (sigla ETF, letteralmente "fondi indicizzati quotati") sono una particolare categoria di fondi, le cui quote sono negoziate in Borsa in tempo reale come semplici azioni, attraverso una banca o un qualsiasi intermediario autorizzato; non sono fondi comuni d'investimento e neppure Sicav e sono negoziati in Borsa e caratterizzati da una gestione totalmente passiva in quanto replicano l'andamento di un determinato indice.

- Essere gestiti in modo passivo significa che il loro rendimento non dipende dall'abilità del gestore, ma dalle caratteristiche di un indice borsistico; tale indice può essere azionario, per materie prime, obbligazionario, monetario, o altro ancora. La gestione passiva rende tali fondi molto economici, con spese di gestione solitamente inferiori al punto percentuale, e, quindi, competitivi nei confronti dei fondi attivi.

Una delle caratteristiche peculiari di questo strumento è costituita dall'indicizzazione: gli ETF replicano, infatti, passivamente la composizione di un indice di mercato - geografico, settoriale, azionario o obbligazionario - e di conseguenza anche il suo rendimento. Se, ad esempio, l'oro si apprezza del 2%, l'ETF legato all'oro registrerà un rialzo della stessa proporzione.

- Essi replicano, cioè, un benchmark: quando uno dei componenti del benchmark viene sostituito, anche la corrispondente attività finanziaria all'interno del fondo viene sostituita, senza porsi problemi di maggior o minor convenienza.

Quindi, chi investe attraverso un ETF non si dovrà preoccupare del ribilanciamento poiché l'ETF si uniformerà automaticamente alle componenti e ai pesi dell'indice di riferimento.

A differenza dei fondi comuni, che valorizzano solitamente a fine giornata, gli ETF vengono scambiati in negoziazione continua come avviene per i titoli azionari e di conseguenza il loro valore varia continuativamente nell'ambito della stessa giornata di contrattazioni.

- Va considerato però che qualora la valuta di riferimento dell'indice sia differente da quella di negoziazione (che è sempre l'euro), il rendimento dell'ETF potrà divergere da quello del benchmark per effetto della svalutazione/rivalutazione di tale valuta neiconfronti dell'euro.

Di conseguenza, se il prezzo dell'oro nel giorno X sale di un +1% anche l'ETC O ETF relativo farà segnare un rialzo vicino al +1%.

- E' però importante ricordare che siccome l'oro è quotato in dollari statunitensi, la performance dell'ETC o dell'ETF dipenderà, oltre che dal movimento del prezzo dell'oro, anche dal movimento del cambio Euro/Dollaro (l'influenza del cambio Euro/Dollaro sull'oro vale anche per l'investimento in oro fisico).

Se si investe in oro per il lungo periodo non bisogna preoccuparsi troppo del cambio Euro/Dollaro perché le sue fluttuazioni, da un'analisi storica, non hanno avuto grande impatto sul rendimento finale di lungo termine dell'investimento in oro. In ogni caso sarà utilericordare che quando il Dollaro Usa si apprezza sull'Euro, l'investimento in oro guadagna, mentre se è l'Euro ad apprezzarsi sul Dollaro, il rendimento dell'investimento diminuisce.

Ad esempio, se per comprare 1.000 Dollari ieriservivano 800 Euro, essendosi apprezzato il Dollaro, oggi ne servono 810 Euro per comprare gli stessi 1.000 Dollari. In questo scenario il Dollaro si è apprezzato del +1,25% sull'Euro.

Ecco quindi come si calcolerà il rendimento dell'ETF:

- (+1% rialzo del prezzo dell'oro) + (+1,25% deprezzamento dell'Euro) = +2,25% rendimento giornaliero dell'ETF.

Se invece fosse stato l'Euro ad apprezzarsi del +1,25% sul Dollaro si avrebbe:

- (+1% rialzo del prezzo dell'oro) + (-1,25% apprezzamento dell'Euro) = – 0,25% performance giornaliero dell'ETF.

La possibilità di diversificare facilmente il portafoglio, la precisione con cui viene replicato l'indice benchmark e i bassi costi di gestione fanno si che l'ETF sia particolarmente adatto anche alla costruzione di un piano di accumulo (PAC) attraverso versamenti periodici, anche di piccola entità, effettuati dai singoli investitori. Non deve invece essere dimenticato che gli ETF sono ovviamente esposti al rischio che le azioni, le obbligazioni e gli altri strumenti in cui è investito il loro patrimonio perdano valore.

ETFplus è il mercato regolamentato telematico di Borsa Italiana interamente dedicato alla negoziazione in tempo reale degli strumenti che replicano l'andamento di indici e di singole materie prime:

- ETF - Exchange Traded Funds
- ETF strutturati

- ETF a gestione attiva
- ETC - Exchange Traded Commodities
- ETN - Exchange Traded Notes.

ETFplus è quindi il mercato dedicato alla negoziazione dei cloni finanziari nato per rispondere alla necessità di dar vita a un ambiente unico in cui negoziare oltre agli ETF anche OICR innovativi, i cosiddetti ETF Strutturati, e altre categorie di strumenti finanziari che, pur non essendo fondi, sono assimilabili agli ETF per finalità di utilizzo e logiche d'investimento.

Si tratta in particolare degli ETC, Exchange Traded Commodities, ossia titoli emessi a fronte dell'investimento diretto dell'emittente in materie prime (ad esempio lingotti d'oro) o in contratti derivati sulle materie prime. Il prezzo degli ETC è, pertanto, legato direttamente o indirettamente all'andamento del sottostante, esattamente come il prezzo degli ETF è legato al valore dell'indice a cui fanno riferimento.

Infine è possibile negoziare anche gli ETF a gestione attiva, ETF il cui obiettivo non è la replica di un indice di riferimento ma quello di esporsi ad una strategia di riferimento "attiva" sviluppata ed operata da un gestore delegato.

Grazie al mercato ETFplus, si è creato il contesto ideale per la negoziazione di ETF, ETF strutturati ed ETC/ETN, con il preciso obiettivo di ampliare le possibilità di investimento dei risparmiatori, offrendo un'ampia gamma di strumenti che si adattano adifferenti profili di rischio e che consentono di aumentare il livello di efficienza e di diversificazione del portafoglio di investimento, tutelando gli investitori attraverso l'applicazione di regole chiare che hanno la finalità di garantire elevata liquidità, spread contenuti e massima trasparenza informativa.

- Sul mercato ETFplus sono quindi negoziati

strumenti che, pur condividendo i medesimi meccanismi di funzionamento, presentano caratteristiche e peculiarità proprie. Per questo il mercato ETFPlus è a sua volta caratterizzato da quattro distinti segmenti che presentano le seguenti modalità di negoziazione:

Segmento ETF - ripartito nelle seguenti classi:
- classe 1: ETF il cui indice di riferimento è di tipo obbligazionario.
- classe 2: ETF il cui indice di riferimento è di tipo azionario.

Segmento ETF strutturati - ripartito nelleseguenti classi:
- classe 1: ETF strutturati senza effetto leva.
- classe 2: ETF strutturati con effetto leva.

Segmento ETF a gestione attiva - ripartitonelle seguenti classi:
- Classe 1: obbligazionari.
- Classe 2: azionari.
- Classe 3: strutturati.

Segmento ETC/ETN – ripartito nelle seguenticlassi:
- classe 1: ETC/ETN senza effetto leva
- classe 2: ETC/ETN con effetto leva massimo pari a 2
- classe 3: ETC/ETN con effetto levamaggiore di 2

La liquidità degli strumenti negoziati su ETFplus è assicurata dalla presenza costante su ciascun strumento di:
- Uno specialista, che si assume obblighi sia in termini di quantità minima da esporre in acquisto

e in vendita, sia in termini di spread, ovvero di massimo differenziale tra il prezzo cosiddetto denaro (bid) - acquisto - e il prezzo cosiddetto lettera (ask) - vendita - e con l'obbligo di reintegro delle quotazioni entro 5 minuti in caso di applicazione.

- Diversi market maker non ufficiali, cheespongono in conto proprio proposte di negoziazione in acquisto e vendita fornendo ulteriore liquidità agli strumenti.

Le negoziazioni di ETF e di ETF strutturati si svolgono in continua dalle 9.00 alle 17.25.

Il lotto minimo di negoziazione è di una azione/quota e quindi, anche con importi minimi, è possibile acquistare gli strumenti quotati su ETFplus.

La conclusione dei contratti sul mercato ETFplus avviene mediante l'abbinamento automatico delle proposte in acquisto e in vendita ordinate secondo criteri di priorità prezzo/tempo. Durante la negoziazione continua possono essere immesse, tramite il proprio intermediario, proposte con limite di prezzo o senza limite di prezzo e possono essere specificate, tra le altre, le modalità "valida fino a cancellazione" e "valida fino alla data specificata".

Per garantire il regolare svolgimento delle negoziazioni, come per le azioni, sono fissati limiti massimi all'oscillazione dei prezzi. È stabilito un limite massimo di variazione del prezzo delle proposte immesse sul mercato rispetto al prezzo di controllo, un limite massimo di variazione del prezzo dei contratti sempre rispetto al prezzo di controllo e infine un limite massimo di variazione dei prezzi tra due contratti consecutivi.

- La liquidazione dei contratti viene realizzata presso Monte Titoli (la società di gestione accentrata, liquidazione e regolamento di Borsa

Italiana - London Stock Exchange Group) il secondo giorno di mercato aperto successivo all'esecuzione dei contratti, che godono inoltre della garanzia di buon fine fornita dalla controparte centrale (Cassa di Compensazione e Garanzia).

Per garantire il regolare svolgimento delle negoziazioni, come per le azioni, sono fissati limiti massimi all'oscillazione dei prezzi. E' infatti stabilito:

- Un limite massimo di variazione del prezzo delle proposte immesse sul mercato rispetto al prezzo di controllo, che corrisponde al prezzo di riferimento del giorno precedente:
  - OICR aperti strutturati, classe 2: +20%
  - OICR aperti indicizzati, classe 2
  - OICRstrutturati, classe 1: +10%
  - OICR aperti indicizzati, classe 1: +10%

- Un limite massimo di variazione del prezzo dei contratti, sempre rispetto al prezzo di controllo:
  - OICR aperti strutturati, classe 2: +10%
  - OICR aperti indicizzati, classe 2
  - OICRstrutturati, classe 1: +5%
  - OICR aperti indicizzati, classe 1: +3,5%

- Un limite massimo di variazione dei prezzi tra due contratti consecutivi:
  - OICR aperti strutturati, classe 2: +5%
  - OICR aperti indicizzati, classe 2
  - OICRstrutturati, classe 1: +2,5%
  - OICR aperti indicizzati, classe 1: +2%

Come si vede, tali limiti variano a seconda delsegmento e della specifica classe (sono ad esempio più ampi per gli

Etf strutturati a leva e molto più ristretti per gli Etf su indici obbligazionari).

Durante la sospensione temporanea della negoziazione non sono consentite l'immissione, la modifica o la cancellazione delle proposte. Contrariamente ai fondi tradizionali, gli strumenti quotati su ETFPlus non prevedono nessuna commissione di "entrata", di "uscita" e di "performance". Viene applicata solo una "Commissione di Gestione" annua molto contenuta, pari a una percentuale fissa del patrimonio gestito, generalmente variabile tra lo 0,2% e lo 0,9% a seconda dell'emittente e del sottostante. Per investire in clone finanziario, così come per le azioni, si paga solo la commissione di negoziazione dovuta alla propria Banca/Sim al fine di operare sul mercato di Borsa.

L'economicità di questi strumenti è ricollegabile alla gestione passiva, che evita quindi i costi tipici necessari di una gestione attiva.

- Proprio per il fatto di prevedere commissioni bassissime a causa della gestione passiva e tuttavia rendimenti maggiori, le banche non mostrano entusiasmo nell'offrirli ai clienti, poiché esse vi possono operare solo bassissime commissioni sugli ETF, a volte comprendentisolo la compravendita del titolo.

Più spesso enfatizzano i prodotti molto più dispendiosi per il cliente e quindi più remunerativi per l'azienda. Comunque negli ultimi anni, gli ETF stanno diventando un grande punto di forza dei mercati internazionali. Nonostante lo stile di gestione passivo, negli anni passati gli ETF hanno conseguito mediamente risultati migliori dei fondi attivi.

Gli Exchange Traded Funds sono, come già detto, fondi, negoziati in tempo reale, il cui obiettivo d'investimento è replicare un indice benchmark.

Comprando un ETF, un investitore acquista uno strumento di replica passiva del benchmark di riferimento. Obiettivo del gestore di un ETF è quindi far si che le performance total return del fondo siano il più possibile allineate a quelle, sempre total return, del benchmark di riferimento o, detto in altri termini, minimizzarne il differenziale di rendimento (Tracking Error). Considerando che un indice è una rappresentazione astratta del mercato di riferimento che il gestore non può comprare direttamente, e che quest'ultimo deve effettuare i propri investimenti nel rispetto della normativa europea dei fondi d'investimento (si pensi ai requisiti minimi di diversificazione che, invece, non incidono sulla costruzione degli indici) sostenendo dei costi, si può comprendere come replicare un indice sia tutt'altro che un'attività semplice. Risulta quindi utile analizzare quali siano le principali tecniche e modalità di replica utilizzate, i loro vantaggi, i loro costi nonché i rischi a esse riconducibili.

Le modalità di replica sono fondamentalmente quattro:
- Replica fisica completa (full replication).
- Replica fisica a campionamento (sampling).
- Replica sintetica unfunded (unfunded swap-based).
- Replica sintetica funded (funded swap- based).

1 - Replica fisica completa (full replication)

Questa modalità si esplicita nell'acquisto di tutti i titoli inclusi nell'indice benchmark in proporzione pari ai pesi che essi hanno nell'indice cosicché la performance del fondo sia sempre allineata a quella del benchmark.
- In questo modo il gestore dell'ETF, una volta

costituito il portafoglio iniziale, dovrà solamente compiere operazioni che consentono di mantenere invariati tali pesi in occasione dei ribilanciamenti dell'indice.

- In generale la full replication è efficace per indici costituiti da un numero non troppo elevato di titoli liquidi (es. Dax, FTSEMib, Eurostoxx 50), panieri che consentono di ottimizzare i costi di transazione.

Infatti, la replica fisica completa richiede che il gestore effettui ribilanciamenti periodici dovuti all'uscita dall'indice di titoli che non abbiano più i requisiti di permanenza, all'entrata di nuovi, nonché al pagamento di dividendi o altri proventi e al loro eventuale reinvestimento. Questa movimentazione del portafoglio può generare dei costi di transazione (sia in termini di spread che di commissioni di negoziazione) che impattano sulla performance dell'ETF rispetto all'indice.

- In caso di replica fisica completa, i titoli acquistati dal gestore sono detenuti presso una banca depositaria e sono di proprietà dell'ETF; il possessore dell'ETF non è quindi esposto a nessun rischio controparte.

2 - Replica fisica a campionamento (sampling)

La replica fisica a campionamento, in gergo tecnico "sampling", consiste nell'acquisto di un campione dititoli scelto in modo da creare un portafoglio sufficientemente simile a quello del benchmark ma con un numero di componenti inferiore che ottimizza perciò i costi di transazione.

- Questa tecnica di replica si basa sul presupposto che, se è possibile individuare le principali determinanti che spiegano il rendimento del benchmark (come il settore e la dimensione), allora replicando nel fondo quelle stesse determinanti si dovrebbero ottenere rendimenti in linea con quelli del benchmark.

A favore di questa metodologia si evidenzia la riduzione dei costi di transazione rispetto la replica completa grazie alla riduzione del numero dei titoli inclusi. Come nel caso della replica fisica completa, i titoli acquistati dal gestore che adotta una strategia di "sampling" sono di proprietà dell'ETF (depositati presso un custodian) e il possessore non sopporta nessun rischio controparte.

- E' pratica diffusa per gli ETF che adottano queste modalità di replica effettuare operazioni di prestito titoli, che se da un lato consentono al fondo di ottenere ricavi aggiuntivi (che riducono il tracking error) dall'altro possono far emergere profili di rischio controparte.

3 - Replica sintetica unfunded (unfunded swap-based)

Gli ETF sintetici unfunded replicano l'andamento del benchmark attraverso una strategia di investimento che prevede l'utilizzo del denaro derivante dalle sottoscrizioni per l'acquisto di un paniere di titoli, noto come substitute basket. Il paniere può essere acquistato da parte del fondo, dalla controparte swap o direttamente sul mercato, e l'ingresso in un contratto di swap con una controparte selezionata, in genere bancaria, che riconosce all'ETF le performance total return (generalmente con il reinvestimento delle cedole al netto dell'imposizione fiscale applicabile) dell'indice benchmark (meno il costo dello swap se previsto) in contropartita del rendimento del paniere sostitutivo.

- Nell'ETF swap-based unfunded il rendimento del "paniere sostitutivo" non influisce sulle performance dell'ETF perché tale rendimento viene scambiato nel contratto di swap con la perfomance del benchmark.

4 - Replica sintetica funded (funded swap-based)

Questa metodologia prevede da parte dell'ETF la stipula di un contratto swap con una controparte selezionata (in genere aste competitive sono condotte dal gestore), in base al quale il fondo trasferisce a essa il denaro derivante dalle sottoscrizioni vedendosi riconoscere in contropartita la performance total return (generalmente con il reinvestimento delle cedole al netto dell'imposizione fiscale applicabile) del benchmark (meno il costo dello swap se previsto).

- A differenza della replica sintetica unfunded, in questo caso il denaro proveniente dalle sottoscrizioni non è utilizzato per l'acquisto del paniere sostitutivo bensì viene trasferito interamente alla controparte swap cosicché il patrimonio dell'ETF risulti investito per il 100% nel contratto stesso.

Gli Exchange Traded Commodities (ETC) sono strumenti finanziari emessi a fronte dell'investimento diretto dell'emittente in materie prime o in contratti derivati su materie prime. Il prezzo degli ETC è quindi legato direttamente o indirettamente all'andamento del sottostante. Similarmente agli ETF, gli ETC sono negoziati in Borsa come delle azioni.
Gli ETC non distribuiscono alcuna cedola, dal momento che le materie prime non generano alcun tipo di dividendo.

- Questi strumenti, al pari degli ETF, replicano passivamente la performance della materia prima o del paniere di materie prime cui fanno riferimento rientrando a pieno merito nella famiglia dei "cloni finanziari".

L'investitore può, quindi, investire su una singolamateria prima - oro, petrolio, gas, zucchero, soia, zinco - possibilità preclusa agli ETF che devono garantire un certo grado di diversificazione per ragioni di natura regolamentare (Direttiva sugli Organismi d'Investimento Collettivi del Risparmio UCITS III).
Gli ETC non sono, quindi, fondi (OICR) ma sono titoli senza scadenza (simili alle obbligazioni zero couponcon scadenza illimitata) emessi da una società veicolo afronte dell'investimento diretto in una materia prima o in
contratti su merci stipulati dall'emittente con operatori internazionali. Ciò che accomuna gli ETC agli ETF è l'esistenza di un mercato primario e di un mercato secondario. Il mercato primario è accessibile esclusivamente agli intermediari autorizzati, mentre quello secondario è accessibile anche al mercato retail. Esattamente come gli ETF, gli ETC sono negoziati in Borsa come un comune titolo azionario; gli investitori, tramite il proprio intermediario, possono quindi, in qualunque momento della giornata borsistica, comprare e vendere questi strumenti al loro prezzo di mercato. Il lotto minimo negoziabile è una quota.
Il mercato ETFplus, grazie alla quotazione in tempo reale degli ETC, ha reso accessibile a tutti gli investitori in maniera semplice, trasparente e con elevata liquidità, il mercato delle materie prime. In sintesi un ETC consente di:

- Accedere   direttamente   al   mercato   delle commodities: gli ETC replicano la performance di una singola commodity o di indici di commodities, grazie all'investimento diretto da parte della società emittente nella materia prima fisica o in contratti derivati sulla medesima. In questo secondo caso gli ETC consentono agli investitori di avere un'esposizione simile a quella che si otterrebbe gestendo una posizione a lungo in contratti future senza leva finanziaria.

- Rimanere costantemente allineato alle performance delle materie prime: a differenza di una posizione in future, gli ETC non comportano la necessità di riposizionarsi da un contratto future a un altro, non richiedono nessun margine e non comportano altre spese di intermediazione/sostituzione dei contratti derivati in scadenza in quanto tali attività sono incorporate nello strumento. Infine gli ETC che investono direttamente nelle materie prime consentono di evitare gli oneri e i rischi legati al loro stoccaggio.

- Ottenere un'esposizione a un rendimento assoluto (total return); in caso di ETC legati al prezzo di contratti future sulla materia prima, il risparmiatore ha accesso a un rendimento assoluto che comprende tre diverse componenti:
  - rendimento spot: è quello derivante dall'oscillazione del prezzo del future della materia prima sottostante.
  - rendimento legato al rolling (che può essere positivo o negativo): è il rendimento associato all'attività di sostituzione dei contratti future in scadenza che consente di mantenere la posizione sul sottostante: esso è negativo (riporto o contango) quando il contratto in

scadenza ha un prezzo inferiore a quello successivo, mentre è positivo (deporto o backwardation) nel caso opposto.

> rendimento del collaterale: è l'interesse che si ottiene dall'investimento del collaterale (l'acquisto di un future non richiede infatti alcun investimento se non il mantenimento di un margine che però è anch'esso remunerato).

Gli ETC sono, a differenza degli ETF, soggetti al rischio controparte, nel caso di fallimento dell'emittente il sottoscrittore di un ETC rischia di perdere il proprio capitale investito. Per ovviare a questo problema molti emittenti provvedono a collateralizzare gli ETC, cioè ad accantonare su un conto separato e indipendente una somma di denaro o un quantitativo di materie prime a garanzia del capitale investito negli ETC.
Esistono due macrocategorie di ETC:

- ETC che hanno un sottostante fisico.
- ETC che investono in future su materie prime.

Questa distinzione appare piuttosto importante perché da origine a una differente metodologia per il calcolo del prezzo dello strumento stesso.

ETC che hanno un sottostante fisico

Gli ETC fisici o physically-backed sono ETC garantiti da materie prime depositate presso i caveau di una banca incaricata dall'emittente, perciò il loro valore è strettamente legato all'andamento del prezzo spot della materia prima eventualmente convertito in Euro nel caso in cui la valuta di negoziazione di quest'ultima sia diversa dalla divisa europea.

- Gli ETC fisici, quindi, consentono agli investitori

di ottenere un'esposizione simile a quella che potrebbero conseguire comprando e conservando autonomamente la materia prima fisica, ma con il vantaggio di evitare i rischi e i costi legati alla loro gestione (immagazzinamento, custodia, assicurazione ecc.).

Gli ETC fisici rappresentano la scelta tecnica ottimale nel caso in cui la commodity sottostante abbia un elevato valore intrinseco, non sia deperibile e risulti facilmente stoccabile secondo standard di "good delivery" generalmente riconosciuti. Per questo motivo gli ETC fisici sono generalmente utilizzati per replicare la performance di metalli preziosi come oro, argento, platino e palladio e non di prodotti agricoli, metalli industriali o commodities legate all'energia per le quali si porrebbero problemi di conservazione o distoccaggio.

- Gli ETC physically-backed condividono con gli ETF il medesimo meccanismo di funzionamento definito come creation e redemption in kind (creazione e rimborso in natura), sulla base del quale investitori istituzionali autorizzati (authorised participants) possono richiedere la creazione o il rimborso degli ETC fisici scambiando con il depositario l'esatta quantità di materia prima controllata da ciascun ETC per un determinato lotto minimo (mercato primario).

Questa procedura assicura che gli ETC fisici siano effettivamente fungibili con la materia prima sottostante sia sotto il profilo del prezzo che sotto quello della liquidità che si crea sul mercato secondario, mercato nel quale gli ETC possono essere acquistati dagli investitori retail anche per controvalori minimi, considerando che il lotto minimo di negoziazione è di un solo titolo.

L'acquisto di questi titoli dà di fatto diritto al bene fisico reale (ad esempio 1/10 di oncia d'oro) ed è soggetto a commissioni di gestione proporzionalmente addebitate per il periodo di detenzione dello strumento finanziario stesso, mentre nessuna commissione di "Entrata", di "Uscita" e di "Performance" è a carico dell'investitore. Le commissioni vengono incorporate giorno per giorno nel valore in Borsa dell'ETC e vengono addebitate diminuendo la percentuale di bene fisico a cui si ha diritto (Entitlement).

Il prezzo in Euro dell'ETC è quindi calcolabile attraverso una semplice formula:

Prezzo Etc =
Prezzo bene fisico x 1 / tasso di cambiox Entitlement

E' bene ricordare come tutte le materie prime siano contrattate in dollari statunitensi: per questo il prezzo dell'ETC in Borsa sarà influenzato dalla dinamica del cambio euro/dollaro.

ETC che investono in future su materie prime

Per questa categoria di strumenti finanziari il prezzo dell'ETC, oltre alla dinamica della materia prima sottostante, incorpora anche i costi necessari per la sostituzione del contratto del future in scadenza con quello successivo (rolling). Oltre al rendimento spot, ovvero quello legato all'oscillazione del prezzo del future della materia prima sottostante, si deve calcolare anche il rendimento legato al rolling che può essere positivo (deporto o backwardation) o negativo (riporto o contango). A questi fattori si deve inoltre aggiungere anche il rendimento del collaterale, ovvero l'interesse che si ottiene dall'investimento in future che, come noto, non richiede alcun investimento se non il mantenimento di un margine anch'esso remunerato.

- Anche in questo caso il rendimento finale sarà in ogni caso condizionato, positivamente o negativamente, dalla dinamica del tasso dicambio euro/dollaro e dalle commissioni di gestione incorporate giornalmente nel prezzo dell'ETC in Borsa.

La gamma di commodities replicata dagli ETC è molto ampia e non si limita alle singole materie prime, ma si estende ai loro indici, sotto-indici e indici forward.

Tutto ciò permette al risparmiatore, a seconda delle sue aspettative e della sua propensione al rischio, sia di scommettere sull'andamento positivo di una singola materia prima, sia di ottenere una posizione ben diversificata su un paniere di commodities acquistando:

- più ETC su singole materie prime (Alluminio, Caffè, Rame, Granoturco, Cotone, Benzina, Oro, Olio Combustibile, Petrolio Brent, Petrolio Wti, Suini Magri, Bestiame Vivo, Gas Naturale, Nickel, Argento, Olio di Semi di Soia, Semi di Soia, Zucchero, Platino, Palladio, Frumento, Zinco, Piombo, Stagno e Cacao).
- gli ETC su indici legati a panieri omogenei di merci (Prodotti Agricoli, Energia, Cereali, Metalli Industriali, Bestiame, Petrolio, MetalliPreziosi).
- gli ETC su indici globali di commodities.
- gli ETC su indici forward di commodities.

Grazie alla negoziazione in Borsa gli ETC consentono un'ampia flessibilità di utilizzo, rendendoli strumenti adatti a sfruttare qualsiasi aspettativa sull'evoluzione dei mercati o esigenza dei risparmiatori; possono infatti essere utilizzati sia per investimenti di breve periodo, al fine di cogliere i movimenti di una singola seduta di Borsa, sia per quelli con un orizzonte temporale lungo, considerato che gli ETC non hanno una scadenza.

Infine, se il proprio intermediario lo consente, possono essere venduti allo scoperto puntando al ribasso, o marginati al fine di porsi a leva sul loro andamento.

- Considerato che gran parte delle materie prime sono trattate in dollari, il valore dell'investimento sarà influenzato positivamente o negativamente dall'andamento del tasso di cambio euro/dollaro.

Uno dei più scambiati ETC sull'oro fisico alla borsa di Milano è ETFS Physical Gold (ticker: PHAU). La società emittente è ETFS Metal Securities Limited, mentre la valuta di denominazione dell'ETC è il dollaro americano (USD). Lo strumento permette di replicare l'andamento del prezzo spot dell'oro fisico. La scheda del prodotto è presente sul sito di Borsa Italiana. Essendo denominato in dollari, la performance di questo strumento può essere influenzata dall'andamento del tasso di cambio euro/dollaro.

Futures sull'oro

I futures sull'oro sono contratti secondo i quali si compravende oro secondo termini decisi adesso ma che avranno validità futura in un giorno di scadenza prestabilito. Ciò significa che l'investitore non deve pagare immediatamente (non per intero, per lo meno) e che il venditore non ha l'obbligo contrattuale di consegnare l'oro immediatamente. Lo scambio avviene invece alla scadenza, quando il compratore paga e il venditore consegna l'oro. Normalmente ciò avviene al termine di tre mesi. La maggior parte dei trader che scelgono i futures sull'oro usano il tempo tra la stipula del contratto e la sua effettiva esecuzione per speculare. L'intenzione è di vendere ciò che è stato acquistato, o comprare ciò che è stato venduto prima della scadenza.
A quel punto, si dovranno semplicemente definire profitti e perdite.
In questo modo è possibile negoziare quantità maggiori (e aumentare il potenziale di profitto aumentando il rischio) di quanto sarebbe possibile, se fosse necessario, definire lo scambio immediatamente dopo la compravendita. Posporre lo scambio crea il bisogno di un margine, che è uno degli aspetti più importanti quando si comprano (o si vendono) futures sull'oro. Il margine è necessario perché il pagamento ritardato potrebbe causare inadempienza di una delle due parti in caso di fluttuazioni di prezzo che rendono i termini del contratto non più convenienti. Il margine è il deposito che generalmente viene pagato a un intermediario indipendente che funziona come garante per entrambe le parti contro un'eventuale inadempienza del contratto.

- Chiunque voglia investire attraverso futures

sull'oro dovrà, quindi, pagare un margine che, a seconda della situazione del mercato, può variare dal 2 al 20% del valore totale del contratto. Se dopo aver chiuso un contratto il prezzo dell'oro va in ribasso, il compratore dovrà pagare più margine. Il compratore non può rifiutarsi di pagare quando gli viene richiesto di versare ulteriore margine in caso di forti flessioni di mercato, e questa è la ragione per la quale negoziare futures sull'oro talvolta risulta molto più dispendioso rispetto al progetto iniziale di investimento.

Ecco come funziona il leverage per quanto riguarda i futures sull'oro.

Se, ad esempio, si hanno $ 5.000 da investire, comprando oro fisico si ottiene il valore di $ 5.000 in oro.
In futures, invece, si possono comprare $ 100.000 d'oro, e questo perché il margine su un future di $ 100.000 è attorno al 5%, ovvero $ 5.000.
Se il prezzo dell'oro sale del 10%, con un investimento in oro fisico il profitto è di $ 500, mentre sarà di $ 10.000 per quanto riguarda i gold future.

Ovviamente c'è il rovescio della medaglia.
Se il prezzo dell'oro scende del 10%, con l'oro fisico la perdita si limita a $ 500, l'investimento inoltre rimane integro e con possibilità di recupero.
La flessione del 10% costa invece $ 10.000 a chi negozia futures sull'oro, che è $ 5.000 in più dell'investimento iniziale. Se i termini di contratto prevedono il versamento aggiuntivo di altri $ 5.000 come aumento del margine, è probabile che il compratore a quel punto si ritiri dall'investimento per timore di ulteriori perdite, e perda

senza possibilità di recupero il proprio investimento iniziale. Rifiutarsi di pagare il margine significa perdere immediatamente l'investimento iniziale.

Ciò può avvenire anche a causa di un aggiustamento di prezzo assolutamente fisiologico in un mercato comunque atendenza rialzista.

- Ecco perché i futures sull'oro posso essere degli strumenti potenzialmente pericolosi nelle mani di chi non ha sangue freddo.

È un fatto che la maggior parte delle persone che investe in futures vada in perdita. Persino un risultato positivo a medio termine non è una garanzia, perché il valore dei future dipende da una qualsiasi imprevedibile flessione del mercato,per quanto breve.

I trader professionisti decidono autonomamente i termini contrattuali dei futures, scambiando direttamente tra di loro su una base personalizzata. Questo tipo di scambio viene chiamato "Over The Counter" o OTC.

Gli investitori privati non devono invece sottoporsi a complicate analisi di termini contrattuali, perché sono disponibili dei contratti futures standardizzati negoziabili in Borsa. L'autorità di regolamentazione, in Italia la Borsa Italiana, decide i termini del contratto standardizzato, quali la data di scadenza, il valore del contratto, le condizioni di consegna. L'investitore privato può soltanto decidere di aumentare il valore del proprio investimento comprando più di uno dei contrattistandardizzati.

I contratti standardizzati negoziati in Borsa danno due grandi vantaggi:

- Prima di tutto la liquidità è maggiore rispetto a un contratto OTC, ed è quindi possibile rivendere il contratto future quando lo si desidera e a chiunque. Questo normalmente non è possibile con un future OTC.

- In secondo luogo una Clearing House, o stanza di compensazione, garantisce la negoziazione contro rischi di inadempienza. La Clearing House è responsabile, tra le altre cose, di verificare i calcoli dei margini e di riscuotere e custodire i margini sia del compratore sia del venditore.

È necessario tener presente che i futures sull'oro sono degli strumenti a scadenza che vengono chiusi prima della data dichiarata di scadenza. Al momento della data di scadenza, la maggior parte dei trader privati avranno rivenduto i loro "long" o ricomprato i "short".

- Si sceglie di "andare long" quando si crede in un rialzo del prezzo dell'oro, e in tal caso si otterrà un guadagno se il prezzo dell'oro al momento in cui si vende il future sarà più alto del prezzo al quale era stato acquistato.
- Si sceglie di "andare short" quando si crede in un ribasso del prezzo dell'oro, e in tal caso si guadagnerà se il prezzo dell'oro nel momento in cui si chiude la posizione sarà più basso del prezzo iniziale.

Molto pochi portano il contratto fino alla fine deliberatamente, ed entrano in possesso dell'oro che hanno comprato. In una sede di scambio funzionante, i clienti che giungono effettivamente allo scambio devono essere una ristretta minoranza. La maggior parte sono investitori che speculano sulle oscillazioni del prezzo, senza alcuna intenzione di comprare oro fisico ed entrarne in possesso.

La chiusura delle negoziazioni qualche giorno prima del giorno di scadenza permette di sistemare le proprie posizioni, in modo che chi ha sottoscritto long può saldare quanto dovuto, e chi short può organizzare la fornitura dell'oro venduto. Alcuni operatori di future non prevedono la possibilità di portare a termine lo scambio alla scadenza. Poiché non hanno a disposizione oro del tipo Good Delivery, richiedono ai propri clienti la chiusura delle posizioni oppure di investire in un altro contratto con una nuova scadenza. Questi passaggi sono costosi.

In genere, se la posizione in un gold future rimane aperta per più di tre mesi, e quindi soggetta a rollover, ovvero il passaggio a un nuovo contratto con nuova data di scadenza, è più dispendiosa dell'acquisto di oro fisico. Per investire in futures sull'oro è necessario prima di tutto affidarsi a un broker. Il broker deve essere membro di un futures exchange, in Italia deve essere un operatore autorizzato dalla Borsa Italiana. Il broker si occupa di gestire i contatti con il mercato econ la Clearing House per la richiesta del margine. Il broker chiede in genere la sottoscrizione di un documento che attesta la comprensione del rischio dell'investimento. Dopo pochi giorni, durante i quali il broker è tenuto a verificare l'identità e la solvibilità dell'investitore, il contratto avrà valore.

Alcuni investitori, specie se alle prime armi, potrebbero pensare che comprare oro tramite un contratto future è un risparmio perché non si deve finanziare per intero l'acquisto, ma si corrisponde soltanto il margine. Questo è in realtà falso.

La comprensione dei meccanismi di calcolo nei contratti futures sull'oro è di vitale importanza, per sapere esattamente in che modo si muove il proprio investimento. Il prezzo spot dell'oro è il prezzo per uno scambio immediato. È il prezzo dell'oro al quale il mercato mondiale fa riferimento. Un contratto future verrà quasi sempre negoziato a un prezzo diverso rispetto al prezzo spot. La differenza si riferisce al costo per finanziare un acquisto equivalente nel mercato a pronti. Poiché sia l'oro sia il denaro possono essere prestati (e presi in prestito) la relazione tra il contratto future e il prezzo spot è puramente matematica, e può essere descritta come segue.

Il mio futuro acquisto d'oro in dollari pospone il mio dovere di pagare una data quantità di dollari per una data quantità d'oro. Posso, quindi, depositare i dollari fino alla data di scadenza, ma non posso depositare l'oro, perché ancora non l'ho ricevuto.

Poiché i dollari in questo periodo mi renderanno l'1% e l'oro renderà a chi lo sta custodendo per me solo lo 0,25%, devo pagare la differenza dello 0,75% rispetto al prezzo spot.

- Se non pagassi questa differenza, il venditore venderebbe semplicemente l'oro in dollari adesso, e depositerebbe i dollari, avendo un profitto maggiore dello 0,75%.

Chiaramente questo 0,75% si sviluppa sul prezzo del future giorno dopo giorno, e rappresenta il costo del finanziamento dell'intera operazione d'acquisto, anche se in effetti mi ritrovo a pagare soltanto il margine. È chiaro che fino a quando gli interessi maturati dal prestare dollari sono più alti di quelli maturati dal prestito d'oro allora, per una questione puramente matematica, il prezzo del future sarà più alto rispetto al prezzo spot. In gergo si dice che i futures sono in "contango". Significa che un investimento in futures molto difficilmente renderà un profitto. Per ottenere un profitto, il prezzo dell'oro deve salire più velocemente di quanto il contango tenda a zero, e il contango sarà a zero alla scadenza del future. Attenzione, se i tassi di interesse in dollari scendono sotto gli interessi di prestito dell'oro, il prezzo dell'oro nel contratto future sarà sotto il prezzo spot. Questa situazione viene detta di "backwardation".

- Quando un contratto future termina, in genere ogni tre mesi, gli investitori che desiderano mantenere la propria posizione aperta devono stipulare un nuovo contratto tramite un cosiddetto rollover.

Non si può scegliere di non fare niente, come quando si possiede oro fisico, e il rollover richiede all'investitore un ulteriore pagamento, dando comunque l'opportunità di chiudere e abbandonare l'investimento.

Alla scadenza dei tre mesi sono molti gli investitori che chiudono le loro posizioni anche se in perdita e decidono di non rientrare. Il mercato dei futures tende, infatti, ad allontanare gli investitori nel momento di maggiore perdita, perché la pressione psicologica è tale da non essere sostenuta da molti. I mercati di scambio dei future hanno una struttura che non è naturale nel mercato. In un mercato normale un prezzo in discesa incoraggia gli acquisti che portano il prezzo nuovamente al rialzo, mentre un prezzo al rialzo incoraggia le vendite che portano il prezzo al ribasso. Il risultato è un sistema relativamente stabile.

Ma i mercati in cui si scambiano i futures offrono basse percentuali di margine (circa il 2% per l'oro) e per compensare per questo rischio apparente gli operatori devono mantenere il diritto di chiudere i propri clienti in perdita. In altre parole, un mercato in rapida caduta induce alla vendita, che porta il prezzo a un ulteriore ribasso. Ciò avviene in maniera uguale e opposta per un movimento al rialzo, che induce all'acquisto e a un ulteriore rialzo del prezzo. È un assetto sostenibile a lungo termine, ma possiede in sé un fattore di pericolo inerente. Virtualmente, è lo stesso meccanismo che ha portato alla crisi del '29, quando i broker furono costretti a vendere mentre i mercati cadevano e che fu l'inizio di un ben noto disastro finanziario.

- In tempibuoni, è un meccanismo che incoraggia la volatilità.
- In tempi meno buoni, può portare a un fallimento strutturale.

Investire con successo tramite futures sull'oro quindi non è semplice. È necessario avere nervi saldi e ottime capacità di giudizio. È necessario rendersi conto che i futures sull'oro performano al meglio nelle mani di professionisti di mercato e in speculazioni a breve termine in anticipazione di grandi movimenti, che diminuiscono l'effetto del contango e i costi delrollover. È necessario anche essere consapevoli che quando il mercato perde trasparenza è più difficile orientarsi. Se un mercato applica costi che sono poco chiari e difficili da capire, come capita nel mercato dei futures, i vantaggi sono riservati agli operatori professionisti che riescono a orientarsi meglio di uninvestitore privato. Sono molti gli investitori che hanno provato il mercato dei futures sull'oro, e scoperto con amarezza quanto velocemente è possibile perdere denaro.

I future sull'oro sono trattati al Comex, divisione del Nymex, di New York e al CBOT di Chicago.

- Sigla contratto: GC
- Dimensione del contratto: 100 once (1 oncia = 31,1035 gr).
- Variazione minima di prezzo (tick): 0,10
- Mesi di scadenza: Febbraio, Aprile, Giugno, Agosto, Ottobre, Dicembre.
- Borsa: COMEX (Commodity Exchange of New York).
- Orario di contrattazione:

- Elettronico - dalle 6.00 p.m. alle 5.15 p.m. ora New York da Domenica a Venerdì.
- Grida - dalle 8.20 a.m. alle 1.30 p.m. oraNew York da Lunedì a Venerdì.
- Valore Tick: 10 $ (100 x 0,10)

Esempio

$$Da\ 850\ a\ 851 = 100\ \$$$

Infatti:

$$(1/0,10 = 10\ x10\ \$ = 100\ \$)$$

Opzioni sull'oro

L'Opzione è un contratto derivato che attribuisce a una delle parti, dietro il pagamento di un corrispettivo, detto premio, la facoltà di esercitare entro una scadenza l'acquisto o la vendita del metallo a un determinato prezzo. Quindi il compratore di un'opzione ha il diritto ma non l'obbligo di acquistare o di vendere una determinata quantità di oro a un prezzo fissato in anticipo e a una scadenza prefissata. Per tale diritto di scelta, l'investitore ha un costo rappresentato dal prezzo del premio.

- Le opzioni sono di tipo americano quando possono essere esercitate prima della scadenza e di tipo europeo quando possono essere esercitate solo alla scadenza.

Il prezzo del premio è influenzato dalla domanda e dall'offerta, dai tassi d'interesse, dalla scadenza e dalla volatilità attesa del prezzo dell'oro.
Le opzioni base sono la "Call" e la "Put". Da queste opzioni base possono essere create varie combinazioni che esistono quando si uniscono opzioni comprate e vendute con diverse caratteristiche ; alcune sono la butterfly, la straddlle, la strangle, la condor, la call ratio backspread. Il mercato più importante è il Comex.

Opzione Call

- Acquirente (Holder) - Ha la facoltà di acquistare a un determinato prezzo, pagando il premio.
- Venditore (Writer) - E' obbligato a soddisfare la richiesta dell'Holder cedendo il bene, incassando

il premio.

Opzioni Put

- Acquirente (Holder) - Ha la facoltà di vendere a un determinato prezzo, pagando il premio.
- Venditore (Writer) - E' obbligato a soddisfare la richiesta dell'Holder, acquistando il bene, incassando il premio.

Con le operazioni a termine o forward, invece, esiste per l'operatore l'impegno irrevocabile di acquistare o di vendere una certa quantità d'oro a una data scadenza e a un prezzo stabilito al momento della conclusione dell'operazione. In questo caso l'impegno e l'adempimento, cioè la consegna e il pagamento hanno luogo in date diverse. Non può essere annullato, ma può essere liquidato in qualsiasi momento prima della scadenza, concludendo un contratto di segno opposto per la stessa scadenza. Questa operazione è interessante per gli investitori e gli operatori che non devono disporre subito di controvalore monetario e per i produttori di metalli che vendono le estrazioni future.

Gold Warrants

I Gold warrants sono essenzialmente delle opzioni di acquisto di oro, a un prezzo predeterminato che possono essere collegate ad azioni e obbligazioni.
Di solito si tratta di put warrant e danno la possibilità di ricevere la differenza tra il prezzo di mercato dell'oro e il prezzo di esercizio del warrant in qualsiasi momento del periodo considerato. Il portatore di un warrant staccato ha il diritto, a una determinata data e dopopagamento di una somma, alla consegna di una certa quantità d'oro. Inoltre

i titoli convertibili in oro offrono un tasso d'interesse e possono essere convertiti in oro prima o dopo le scadenze del titolo medesimo; quindi l'investitore possiede un'opzione sul prezzo dell'oro che rende anche interesse.

Con il Gold Swap si ha il trasferimento di lingotti a un rivenditore in cambio di valuta, con un prezzo a termine con il quale l'oro sarà restituito, già stabilito. Benché l'effetto sia paragonabile a una vendita a pronti e riacquisto a termine, la differenza è che le controparti sono le stesse, evitando transazioni sul mercato e, quindi, senza nessun effetto nei prezzi.

L'oro è una delle attività alla base che vengono negoziate nei mercati a opzioni binarie. Si tratta di un fattore positivo, perché il trade in oro nel mercato delle materie prime è davvero troppo rischioso per la maggior parte dei trader.

I margini richiesti sono elevati, ci vuole un sacco di capitale, oltre 10.000 dollari, e un cuore d'acciaio per sopportare gli ammanchi che potrebbero verificarsi. Questo è per non parlare delle perdite monumentali che potrebbero verificarsi in un mercato fuori controllo quando l'arretramento potrebbe mandare in fumo il conto di un trader. Il mercato delle opzioni binarie offre una via d'uscita per il commercio in oro all'interno di un ambiente controllato, con riduzione del rischio di una perdita catastrofica, requisiti al margine più piccoli e, di conseguenza, minor capitale necessario per il trading. Non c'è paura che l'oro scivoli verso il basso di quasi un migliaio di pip rispetto alla vostra posizione prima di decidere di fare quello che avete intenzione di fare. Non esistono timori di sovraesporre il vostro conto. Nel mondo delle opzioni binarie, la perdita del trader è limitata al costo della negoziazione. Se l'operazione si svolge secondo i desideri del trader, ottiene indietro sia i propri costi che qualcosa extra. Questo "extra" potrebbe diventare fino all'81%, o se sapete come effettuare l'operazione secondo le diverse modalità, potrebbe diventare fino a 500%.

Nel trade in oro, ci sono diverse cose da considerare prima che il desiderio di ricavare dei soldi da esso, sublima dal piedistallo dei sogni alla realtà dei tangibili dollari nelle tasche.

In primo luogo, vi è il tipo di categoria del trade:

- Touch / No Touch: In questo caso, le ipotesi del trader sul movimento dei prezzi che toccano un livello di prezzo selezionato chiamato prezzo di esercizio, (touch) oppure non tocchino affatto quel prezzo (no touch). Ci sono variazioni, come il doppio tocco singolo, doppio tocco, ecc. L'aspetto fondamentale è che il comportamento selezionato dell'oro debba avvenire a favore del commerciante prima della data di scadenza. Con le opzioni binarie oro one touch, investendo 10 euro, proviamo a stabilire la soglia di 1144,95 dollari l'oncia, per un 200% di ritorno. Nel caso in cui, tra le 16.30 e le 18.00, il prezzo dell'oro arrivi a toccare quella soglia, anche se al termine del periodo sarà sceso nuovamente ci verranno accreditati ben 20 euro.

- In / Out: Il prezzo dell'oro può decidere di fluttuare all'interno di una fascia di prezzo formata da una linea di tendenza superiore e una inferiore. Se questa risorsa decide di rimanere all'interno del tunnel così creato (in), oppure uscire da uno, o da entrambi i lati (out), è una questione che spetta al trader decidere. Una scelta corretta viene premiata. Considerando per semplicità lo stesso orario di inizio e scadenza, analogo importo (10 euro) di investimento e prezzo dell'oro allo stato attuale, decidiamo di puntare sulle opzioni binarie per intervallo (con 70% di ritorno) su 1144,22 / 1144,56. Se alle 18.00 il prezzo dell'oro cadrà in quell'intervallo, avremo guadagnato 7 euro.

- Alto / Basso: In questo caso si prova a decidere se l'oro chiuderà a un livello superiore al prezzo attuale al momento in cui l'operazione ha scadenza, oppure a un livello inferiore. Decidiamo di investire 10 euro sulle opzioni binarie oro di tipo Su/Giù con scadenza alle ore 18.00, quando sono le 16.30 e il prezzo dell'oro è pari a 1144,53 dollari l'oncia. Ci aspettiamo un calo nel brevissimo periodo, perciò acquistiamo l'opzione Giù, che in caso di vincita ci offre l'80% di ritorno. Se alle ore 18.00 il prezzo dell'oro è più basso di 1144,53 dollari l'oncia, come da noi previsto, abbiamo guadagnato 8 euro in appena un'ora e mezza.

Azioni di società minerarie

Acquistare azioni aurifere, cioè azioni di società minerarie che hanno come attività principale l'estrazione di oro e altri metalli preziosi, è una delle opportunità che si presentano a chi desidera investire i propri soldi in oro finanziario e cerca una maniera unpo' diversa per farlo. E' quindi possibile avere un'esposizione al prezzo dell'oro in maniera indiretta attraverso l'acquisto di azioni di società minerarie chesi occupano di estrazione dell'oro.
Questi titoli, se scelti in maniera giusta e accurata, possono addirittura sovraperformare il prezzo dell'oro stesso. Il valore di queste azioni viene molto influenzato dal prezzo dell'oro ma naturalmente questo non è l'unico fattore a determinarne il prezzo finale. Infatti, contribuiscono a determinare il prezzo dell'azione anche fattori come la diffusione geografica dei progetti minerari, i costi della società, i margini, la redditività, la solidità del bilancio, il debito, la qualità della gestione e tanti altri fattori. E' proprio una giusta combinazione di questi elementi che possono dare all'investitore la possibilità che il titolo faccia meglio del prezzo dell'oro stesso. Per un piccolo investitore essere esposto al prezzo dell'oro attraverso l'acquisto di titoli di società minerarie è uno dei modi per diversificare l'investimento finanziario in oro. Naturalmente vi è bisogno di un accurato studio sulle società che fanno parte del tuo target in quanto non basta buttarsi a caso e comprare le azioni della prima società conosciuta, si rischierebbe di incorrere in una società poco sana che fallendo potrebbe farci perdere la totalità dell'investimento.
C'e' quindi bisogno di un attento studio dei "numeri"

della società e questo richiedere certamente una certa esperienza in materia economica e finanziaria.

La solidità di una società mineraria è valutabile da fattori differenti. In primo luogo si dovrà considerare il bilancio finanziario dell'azienda, che dovrà essere chiaramente in attivo. Andranno esaminati poi gli attuali progetti che la società ha in piedi: una buona diffusione geografica delle estrazioni previste, specialmente nei paesi più ricchi di questo metallo, sarà un ottimo punto di partenza. Una corretta gestione degli utili, effettuata da personale professionale e competente, sarà naturalmente un altro elemento positivo, anche se valutarlo può essere particolarmente difficile. Uno dei fattori negativi che incide in maniera più rilevante sulle azioni aurifere è invece rappresentato dai costi di estrazione che le società devono affrontare, sia dal punto di vista tecnico che da quello burocratico. Negli ultimi anni, in particolare nel primo decennio del XXI° secolo, le quotazioni dell'oro e quelle delle azioni aurifere delle principali aziende mondiali hanno seguito strade profondamente differenti. Si è, infatti, venuto a creare uno scarto tra i due valori, con l'oro che ha toccato i suoi massimi storici e le azioni che, di contro, non hanno saputo tenervi testa, arrivando addirittura in alcuni anni a perdere alcuni punti percentuali. Questa situazione è dovuta in larga parte ai costi ingenti che le società hanno sostenuto in questo periodo, dovuti anche ai grossi investimenti compiuti acquisendo aziende più piccole. In passato tale forte disparità si è già verificata, ed è stata seguita da un rapido allineamento verso l'alto dei due valori, in un periodo in cui l'oro ha continuato ad apprezzarsi. A oggi le società minerarie hanno già iniziato a ridurre i costi, rinunciando all'estrazione in zone particolarmente difficili da raggiungere e concentrandosi sui luoghi più proficui, per tale ragione è prevedibile una risalita prossima delle

azioni aurifere. Al contrario dell'oro fisico, la cui quotazione è influenzata da diversi fattori (politici, valutari, economici e finanziari), l'investimento in società aurifere presenta rischi più elevati. Infatti, oltre a essere condizionati dalla quotazione dell'oro, i prezzi delle azioni delle compagnie sono influenzati da altri aspetti, come la gestione societaria, la scoperta di nuovi giacimenti auriferi, la dinamica dei prezzi di borsa, eventuali incidenti nelle miniere con conseguenze per i dipendenti, la popolazione e l'ambiente. Alla volatilità dei prezzi delle azioni aurifere occorre aggiungere il rischio di insolvenza e di fallimento delle società, per cui, in tal caso, chi possiede titoli azionari si ritrova con un capitale pari a zero. Questa situazione con l'oro fisico non potrà mai accadere, perché l'oro, anche se perde parte della sua quotazione, non diventerà mai carta straccia e il suo valore intrinseco rimane. Per questo motivo i titoli delle società aurifere sono considerati investimenti aggressivi di tipo growth (crescita). Con l'effetto leva operativa, gli utili societari tendono ad aumentare più del prezzo dell'oro nei periodi rialzisti del mercato, ma vanno incontro anche a rischi maggiori di ribasso nei momenti di riduzione della domanda di oro. Viceversa, l'investimento diretto nel metallo giallo è considerato di tipo value (valore), in quanto è stabile e conserva appunto il valore intrinseco dell'oro stesso.
Le quotazioni delle azioni aurifere sono, dunque, molto più volatili del prezzo del metallo prezioso e, di conseguenza, presentano più rischi, ma anche più opportunità di guadagno.

- Un investitore prudente, con bassa propensione al rischio, preferirà impiegare il proprio capitale direttamente in oro fisico anziché in azioni aurifere.
- L'investitore più esperto e più propenso al rischio

potrà scegliere di acquistare azioni di società minerarie aurifere, ma con l'accortezza di diversificare una piccola parte del suo portafoglio e di ponderare bene la scelta valutando la qualità delle aziende su cui decide di investire (bilancio, utili, progetti di estrazione), la localizzazione delle miniere, ma anche il contesto politico ed economico del luogo dove operano le società.

Detto questo, il piccolo risparmiatore può impiegare il proprio capitale direttamente in azioni aurifere o, se proprio lo desidera, può diversificare in Fondi comuni azionari o ETF specializzati in questo settore, ma sempre come diversificazione e solo con una percentuale del proprio portafoglio. Nel mondo esistono circa 700 società aurifere, in gran parte quotate in mercati regolamentati, con una capitalizzazione complessiva di circa 250 miliardi di dollari. La fetta più grossa del mercato è concentrata su una quindicina di società, di cui solo 5 possiamo definire colossi del settore. La prima al mondo è la canadese Barrick Gold Corporation, seguono la statunitense Newmont Mining Corporation, le australiane Gold Corporation e Newcrest Mining Limited e la messicana Fresnillo plc.

La concentrazione media dell'oro nella crosta terrestre è di 0,005 parti per milione. Le tecnologie di estrazione sono costose prima di tutto perché il processo richiede sempre che le aziende di estrazione mineraria trattino grandi quantità di terreno per avere risultati che sono comunque limitati. L'energia richiesta per trattare la roccia è molto costosa, così come i prodotti chimici utilizzati nel processo, e di conseguenza la concentrazione di oro nel territorio deve essere tale da giustificare lo sforzo imprenditoriale annesso all'estrazione. A causa dell'inerzia dell'oro circa l'80%

dell'oro è in stato elementare. Vengono usati diversi processi per estrarre e purificare l'oro. L'amalgamazione utilizza il mercurio, tramite il quale l'oro si dissolve. Il mercurio viene applicato alla roccia, trattiene l'oro e l'amalgama risultante viene distillata per rimuovere il mercurio. Il mercurio è un elemento altamente tossico quindi gli impianti di estrazione che devono gestire questo tipo di operazioni sono molto costosi. La parte più importante del processo di estrazione è la cianurazione. Una soluzione di cianuro di sodio in presenza di aria fa sì che l'oro vada in soluzione. Rocce di buona qualità rilasciano oro durante la cianurazione in un processo chiamato filtraggio in vasche. Rocce di qualità inferiore richiedono invece il filtraggio a cumulo, che richiede che la roccia venga sottoposta più volte alla soluzione di cianuro su un periodo di tempo più prolungato.

L'oro grezzo viene purificato in due modi.

- Il primo passo è meno costoso e viene eseguito tramite il cosiddetto processo Miller, che utilizza gas di cloro e raggiunge una purezza del99,5%.
- L'altro processo utilizzato viene detto Wohlwill, è più costoso e utilizza l'elettrolisi per raggiungere una purezza del 99,99%.

Vantaggi delle azioni minerarie

- Il vantaggio percepito di investire in azioni di aziende minerarie è che il loro valore è in genere più sensibile al prezzo dell'oro persino più di un lingotto d'oro. È così perché il valore delle azioni aurifere è basato sulle previsioni dei profitti lungo la vita della miniera, e queste dipendono dalle riserve, e dal rapporto tra i costi di estrazione e il valore previsto dell'oro estratto.

Supponiamo che una miniera d'oro abbia 1.000.000 di once da estrarre, e che il valore all'oncia sia di 1.000 $.

Se i costi di produzione sono di 800 $ l'oncia, la miniera realizzerà 200.000.000 di $ durante il corso della sua esistenza. Ma se il prezzo dell'oro sale del 20% fino a raggiungere i 1.200 $ la miniera farà in totale 400.000.000 $. Ciò dimostra un effetto in grado di aumentare il valore di 5 volte tanto: con un aumento del prezzo del metallo del 20%, le azioni aumenteranno del 100% (purché tutte le altre variabili rimangano identiche, cosa che accade di rado).

Svantaggi delle azioni minerarie

La quantità delle riserve di una miniera d'oro non sono mai conoscibili con accuratezza. Le riserve di una miniera vengono stimate tramite programmi di scavo che esaminano una vena per misurare la concentrazione nella roccia in diversi luoghi. Le quantità scoperte tramite le analisi chimiche sono estrapolate in un'area più ampia per identificare la probabile quantità complessiva, ma non c'è mai una garanzia che verrà effettivamente trovata durante l'estrazione nella miniera d'oro. Di conseguenza c'è un rischio che la stima non corrisponda alla realtà. La natura umana poi inficia l'accuratezza dei risultati, specialmente in quelle aziende il cui ruolo è principalmente l'esplorazione più che la gestione vera e propria della miniera. Le aziende ricevono finanziamenti convincendo gli investitori che c'è dell'oro in una data miniera, e per quanto venga compiuto un enorme sforzo per offrire risultati accurati, è sufficiente evitare di considerare alcuni test fatti su roccia non particolarmente fruttuosa per manipolare in qualche modo i risultati per dare un prospetto più ricco di quanto lo sia in realtà. Alla fine chi investe deve fidarsi sia del geologo che di chi cura le finanze dell'azienda di estrazione mineraria, e non è da escludere che entrambi potrebbero essere obiettivi. È anche vero però che errare in eccesso è nel loro interesse, e che errare in difetto difficilmente dà come risultato l'effettiva costruzione di una miniera.

- Potrebbero esserci anche dei problemi imprevedibili di ingegneria durante l'estrazione, che possono far lievitare i costi. Anche una piccola percentuale di aumento dei costi può compromettere la profittabilità di una miniera d'oro.

- Un altro problema può sorgere quando il costo della miniera è calcolato in una moneta che nonè il dollaro, che è la moneta di scambio dell'oro stesso. I movimenti dei mercati valutati possono incidere grandemente sulla profittabilità di una miniera, sia in positivo che in negativo.

Probabilmente la variabile più importante è il sentiment degli azionisti. A causa del fatto chein tanti sono attratti dalle azioni aurifere quando il mercato dell'oro è positivo, le azioni tendono aperformare meglio non solo del prezzo dell'oro, ma anche di una ragionevole stima dell'effettivo valore delle azioni stesse. Gli investitori spesso non sono a conoscenza dei rendimenti che sia ragionevole aspettarsi da una miniera, né che per esempio una miniera dopo un certo numero di anni perde valore, una volta che tutto l'oro viene estratto.
Per questo il rendimento di una miniera d'oro deve sia ripagare l'investimento originario che fornire un certo

profitto durante la sua esistenza. Una miniera che può durare 20 anni deve rendere oltre il 5% all'anno prima che diventi profittevole per un investitore a lungo termine. Poche azioni aurifere sono in grado di farlo, quindi, nei fatti il prezzo di molte azioni già considera un miglioramento del prezzo dell'oro fisico. È un'indicazione di quanto possano essere sopravvalutate.

- In aggiunta al problema di valutazione della qualità dell'investimento che riguarda anche miniere con una certa autorevolezza, c'è il fatto che la contabilità può essere insolitamente poco trasparente. Anche chi è perfettamente a proprio agio con documenti finanziari complessi, può trovare difficoltà davanti ai bilanci delle aziende minerarie.

La cultura aziendale è un altro problema. Algiorno d'oggi molte aziende (non solo quelle impegnate nell'estrazione di oro) sono gestitepiù a favore dei manager che a favore degli azionisti. Molti manager non amano distribuire dividendi perché ciò riduce la quantità di denaro disponibile per pagare i salari e per nuove iniziative imprenditoriali. Sono molto poche le aziende minerarie che possono essere descritte come mezzi per l'estrazione di oro nell'interesse degli azionisti. Al contrario possono diventare giocattoli nelle mani di un consiglio di amministrazione il cui interesse tende ad essere quelli di usare i soldi degli azionisti in opportunità appena credibili, mirate a garantire un futuro al di là della vita attuale della miniera. In mancanza di una politica sui dividendi rigida e generosa, gli azionisti di un'azienda mineraria investono nelle competenze strategiche del consiglio di amministrazione almeno quantonell'oro.

Questi svantaggi delle azioni aurifere si sono aggravati durante gli ultimi anni. Le aziende che si occupano di esplorazioni che hanno trovato oro in nazioni piccole sono state costrette a costruire strade, ospedali, scuole e altre infrastrutture, oltre che provvedere al riparo dei danni ambientali che causano. Il governo ospite è in grado di stimare velocemente il valore di una vena appena scoperta, e concedere un'autorizzazione a scavare chiedendo un importo a seconda di tale parametro. Di conseguenza i costi sono cresciuti più velocemente del valore dell'oro. Le azioni delle aziende minerarie sono un investimento potenzialmente rischioso ma anche molto emozionante. Sono ragionevolmente correlate al prezzo dell'oro ma tipicamente molto più volatili, e soggette a molte variazioni che non dipendono dal mercato dell'oro. Di seguito vengono elencate le 10 più importanti società al mondo per l'estrazione di oro.

- 1° Posto - Barrick Gold Group: è la più grande società mineraria al mondo con sede a Toronto, Ontario, Canada, e possiede ben 26 miniere sparse in tutto il mondo, dall'Australia al Sud America passando per l'Africa. Nel 2013 Barrick ha estratto 7,2 milioni di once di oro con un valore compreso tra i 425 e i 455 dollari a oncia. La sua riserva di oro è di ben 139,8 milioni di once, la più grande al mondo.

- 2° Posto - Newmont Mining Corporation: presente in tutti e cinque i continenti, ha sede a Greenwood Village, in Colorado; i punti di forza della Newmont Mining sono USA, Australia e Perù. Nel 2013 l'azienda ha estratto 5,065 milioni di once d'oro generando così entrate per 1,6 miliardi di dollari. Fondata nel 1916 da William Boyce Thompson come una holding diversificata, oggi Newmont resta l'unica azienda dell'oro nello Standard & Poor 500 Index.

- 3° Posto - AngloGold Ashanti: fondata nel 2004 la società possiede 21 miniere in 10 paesi. La società è stata costituita il 26 aprile 2004, dopo che la Corte Suprema del Ghana ha approvato la fusione per incorporazione di AngloGold e Ashanti Goldfields Corporation La AngloGold punta particolarmente alla ricerca di nuovi giacimenti di oro, la società ha speso quasi 200 milioni di dollari in questa attività. Per la prima volta in 9 anni la società ha fatto registrare nel 2013 una crescita nella produzione di oro arrivando a 4,105 milioni di once.

- 4° Posto - Gold Fields Limited: società sudafricana fondata nel 1998 e con sede a Johannesburg; la società nel 2012 (attualmente non sono ancora disponibili i dati per il 2013) ha estratto 3,254 milioni di once e possiede una riserva di oro pari 78 milioni di once il che le consegna il 4° posto di questa classifica.

- 5° Posto – Newcrest: con 2,110 milioni di once nel 2013 al 5° posto troviamo l'australiana Newcrest. La società possiede 7 miniere sparse tra Australia, Indonesia e Papua Nuova Guinea.

- 6° Posto - Kinross: l'azienda canadese Kinross possiede miniere in Brasile, Russia, Cile, Ghana, Mauritania, Russia e Stati Uniti. Con2,63 milioni di once d'oro estratte e 1.150 milioni di dollari in entrata nel 2013 la società si colloca alla sesta posizione tra le più importanti società minerarie al mondo per l'estrazione di oro.

- 7° Posto - Goldcorp Inc: al settimo posto troviamo la canadese Goldcorp, con sede a Vancouver, British Columbia, Canada. La società possiede 10 miniere divise tra Canada, USA, Messico e Sud America per una produzione totale di oro nel 2013 di 2,667 milioni di once.

- 8° Posto - Yamana Gold: società canadese tra le più importanti del paese, Yamana è presente con alcune miniere in Sud America e nel 2013 ha estratto 1,5 milioni di once d'oro.

- 9° Posto - Agnico-Eagle Mines: fondata nel 1953 la società ha accumulato nel corso degli anni una riserva di oro tra le 20 e i 21 milioni di once il che la colloca alla nona posizione della classifica delle 10 più importanti società minerarie.

- 10° Posto - Polyus Gold: è la più importante società russa nel campo dell'estrazione dell'oro. La società detiene la terza riserva di oro al mondo, con oltre 90 milioni di once di riserve auree. Nel 2013 la Polyus ha estratto un totale di 1,3 milioni di once.

Oro fisico

La scelta di investire in oro fisico rappresenta la seconda alternativa possibile per chi decide di diversificare il proprio portafogli o di impiegare i suoi risparmi in questo metallo prezioso. L'oro fisico è l'unica risorsa in grado di garantire all'investitore, in qualunque momento, le reali quotazioni di mercato. L'oro finanziario, al contrario, può subire delle limitazioni in caso di rialzi troppo elevati, andando così a discapito di chi ha deciso di acquistarlo. L'acquisto di oro fisico, d'altro canto, implica alcune problematiche relative alla genuinità del metallo acquistato ed alla sua successiva custodia.

Investire in oro fisico significa diventare proprietari del metallo prezioso che può essere stato lavorato in modalità diverse: monete, gioielli, lingotti. Tuttavia la proprietà non significa per forza possedere fisicamente l'oro il quale può essere custodito in luoghi teoricamente più sicuri che offrono il servizio di custodia in cambio di una quota annuale.

Analizziamo le possibilità di investimento in oro fisico considerando le differenze delle tre soluzioni di investimento in oro fisico:

- Monete
- Lingotti
- Lamine

Monete

Le monete d'oro rappresentano il miglior investimento poiché rendono il capitale maggiormente frazionabile rispetto a un lingotto da 10 kg. Inoltre, in un potenziale mercato rialzista a lungo termine dell'oro, le monete possono diventare sempre più difficili da reperire (più acquirenti che venditori), quindi si vendono più care rispetto al valore in oro che contengono.

Nel 1980, il premio di un Napoleone da 20 Franchi arrivava al 100%, a dimostrazione del fatto che il marengo valeva due volte più caro del suo valore in oro fino.

Il premio è la differenza tra il prezzo dell'oro fino contenuto in una moneta e il prezzo al quale questa viene venduta sul mercato. Il premio è legato a molteplici fattori, tra cui la fabbricazione, la conservazione, il Paese d'origine.

Premio (%) =

(Prezzo della moneta - Valore in metallo prezioso) /

Valore in metallo prezioso

Il premio di una moneta dipende da diversi fattori:
- La fabbricazione: più le monete sono piccole e difficili da riprodurre, più lo spread aumenta e, viceversa, più le monete sono grandi e facili da riprodurre, più lo spread diminuisce (questo spiega, ad esempio, perché le monete di Vittorio Emanuele 10 Lire hanno un premio più elevato rispetto a quelle da 20 Lire). Tuttavia, sono state prodotte anche delle qualità particolari (proof, ad

esempio) che giustificano un premio molto elevato.

- La speculazione: il premio dipende dalle fluttuazioni del mercato, cioè dalla domanda e dall'offerta. In un periodo in cui si vendono molte più monete di quante se ne comprano, lo spread sarà nullo o lievemente in negativo, e in questo caso le monete vengono fuse se la loro qualità è mediocre. Al contrario, nel momento in cui la domanda è forte lo spread sale vertiginosamente. Per questo motivo, lo spread è un efficace indicatore dello stato dell'offerta e della domanda, del potenziale di quest'ultima e anche delle azioni da intraprendere. Uno spread nullo, negativo o debolmente positivo deve motivare l'acquisto mentre uno spread tra il 70% e l'80% deve spingere immediatamente alla vendita delle monete; da ricordare che in Italia, l'IVA si applica sulle monete che vengono rivendute con l'80% in più del loro valore in oro.

- La conservazione: una moneta di qualità che non è usurata e non presenta tracce di manipolazione manterrà completamente il suo spread. Se la moneta è, invece, particolarmente rovinata e in cattive condizioni (impronte digitali, rigature, usura a causa di sfregamento) porterà a una detrazione dal 4% al 10% causando uno spread negativo. In questi casi le monete vengono fuse e rivendute al prezzo del metallo prezioso.

- La collezione: alcune monete sono più rare per via della loro piccola tiratura, e grazie a caratteristiche particolari legate a dei criteri di rarità numismatica.

- La posizione geografica: le monete d'oro non vengono ricercate in ugual modo in tutte le nazioni. Infatti, in Francia o in Russia, la moneta Vittorio Emanuele II non sarà conosciuta come in Italia, così come una Napoleone non è richiesta in Italia come lo è in Francia, a differenza di una Krugerrand o di una Sovrana che hanno una ramificazione internazionale.

Oggi, per investire in oro si può scegliere tra un numero elevatissimo di monete d'oro. Le monete vengono emesse dagli Stati di tutto il mondo. Le monete portano una lunga storia nel loro dna. Le prime monete d'oro risalgono all'antica Lidia, intorno al 550 a.c. E' da quel momento che le monete d'oro sono state riconosciute come moneta a corso legale, cioè moneta che i commercianti sono obbligati ad accettare in cambio della vendita dei loro prodotti, fino a quando, nel secolo scorso, si e' deciso di passare a un sistema economico completamente slegato dall'oro (infatti oggi paghiamo beni e servizi con banconote e non con oro). In passato, quando l'oro veniva utilizzato come moneta lo Stato attribuiva alle monete un valore pari al loro valore nominale; in pratica c'era scritto un valore su ogni moneta, proprio come oggi accade con i centesimi di Euro. Il mercato invece ha da sempre attribuito alle monete d'oro un valore relativo all'effettivo contenuto di oro presente nella moneta.

Adesso, vivendo in un'economia dove i pagamenti non avvengono più in oro ma in banconote, il valore di una moneta d'oro è dato dal suo valore di mercato.

Il prezzo di mercato di una moneta d'oro da investimento è dato da 3 fattori:

- Prezzo dell'oro.
- Grammi di oro puro contenuti nella moneta.
- Spread, ovvero il costo applicato dal rivenditore per il suo guadagno.

In formula:

(Prezzo dell'oro * Grammi di oro puro) + spread

Più piccolo è il taglio della moneta che si acquista e maggiore è lo spread che si farà pagare il rivenditore. In circolazione si trovano monete dal peso più svariato: monete da 5 grammi, 7 grammi, 15 grammi, 31 grammi e oltre. Non sempre le monete d'oro da investimento sono pure al 100%.

Spesso sono composte da oro e altri metalli.

Quando questo accade, si dice che l'oro è in lega con altri metalli e la sua purezza viene misurata in carati o millesimi (si tratta dell'unità di misura utilizzata per indicare quanto contenuto di oro c'e' in un oggetto).

- L'oro puro viene definito con 999,9 millesimi.

Se i millesimi di una moneta sono 900, significa che la moneta non è composta solo da oro puro, ma da una mescolanza di metalli.

Da non confondere le monete da investimento con le monete da collezione, dette anche monete commemorative o numismatiche. Infatti, il valore delle monete da collezione dipende più dalla rarità e dalle sue rifiniture che non dal reale contenuto di oro che possiedono. Per questo motivo, le monete da collezione sono poco adatte se si vuole investire in oro con l'obiettivo di ottenere il massimo del rendimento con le minime competenze. Si stima in generale che il valore di una moneta d'oro oscilli tra 100 € per le monete d'oro Napoleone da 10 franchi e 1.200 per le monete d'oro da 20 dollari americani. Soltanto le monete in buono stato di conservazione sono quotate in Borsa e queste ultime devono obbligatoriamente essere composte da oltre il 99% di oro puro sul loro pesototale.

Ma le monete d'oro differiscono dai lingotti anche per il fatto che il loro valore in Borsa dipende sì dal loro peso in oro puro ma tiene anche conto di criteri più soggettivi come il modello, l'età e la rarità della moneta in esame. E' quello che si chiama comunemente il valore aggiunto storico o culturale della moneta d'oro. L'oro è stato durante la storia il materiale più pregiato utilizzato come moneta a corso legale. Oggi, nel 2017, non è più così essendo stato sostituito dalle valute nazionali le cui monete e banconote non sono d'oro (in Italia prima le lire fino all'attuale euro). Quindi oggi il valore attribuito alle monete d'oro può essere di due tipi:

- Il primo è in base al prezzo di mercato dell'oro in base alla domanda e all'offerta del metallo prezioso.

- Il secondo è numismatico che ha lo stesso principio di domanda e offerta ma su quantità minori: quando 1.000 persone domandano una moneta specifica di un determinato anno di cui solo 10 esemplari sono stati coniati è normale che il prezzo salga e sia ancora più costoso del valore dell'oro presente nella moneta: questo è il valore numismatico. Le monete più comuni emesse in grandi quantità non assumono un valore numismatico che sia maggiore di quello del contenuto d'oro della moneta.

Le monete d'oro da investimento hanno basso valore numismatico e a causa della loro grande quantità vengono scambiate al prezzo attuale in base al loro contenuto di oro, chiamato anche titolo ed espresso in millesimi.

Le monete più comuni sono indicate in dettaglio di seguito.

Sterlina

In questa categoria rientrano tutte le moneteconiate nel Regno Unito a partire dalla legge monetaria del 22 giugno 1816, con esclusione delle monete australiane, canadesi e sudafricane. Queste monete pesano 7,9881 grammi e hanno una purezza - Titolo - pari a 916,67‰, con unpeso in oro di 7,3224 grammi.

Il titolo delle Sterline 916,67‰ significa che per 1000 grammi di sterlina, ci sono 916,67 grammi d'oro puro, mentre il resto è composto da rame per rinforzare la moneta. L'oro puro è morbido, e, quindi, fragile nel caso di una moneta coniata inizialmente per la sola circolazione di mano in mano.

- La regina delle monete d'oro da investimento è senz'altro la Sovrana (Full Gold Sovereign) ovvero la Sterlinad'oro inglese emessa dal Regno Unito dopo il1816.

Da questo anno durante il passaggio di testimone dei sovrani inglesi nella storia, sonostate coniate sterline con l'effige della ReginaVittoria, di Re Edoardo VII, del Re Giorgio V e della attuale Regina Elisabetta II. Gli investitoriprediligono le ultime sterline con Elisabetta II, coniate dal 1957 e denominate nuovo conio, non tralasciando quelle con Giorgio V (1871-1925) per quanto riguarda il vecchio conio. La facilità di rivendita e accettazione sul mercato la rendono tra le più richieste monete d'oro da investimento. La sua storia nasce in seguito alla legge monetaria del Regno Unito del 22 giugno 1816 (Lord Liverpool's Act) che formalizzava il Gold Standard stabilendo che una Sovrana dovesse essere 22 carati (91,667 %) e 0,2354 once troy (7,3224 grammi).

La prima sterlina di questo peso e titolo fu coniata l'anno seguente all'approvazione della legge, nel 1817 e da quel momento ha circolato fino al 1932 con l'abbandono definitivo del gold standard ritornando poi dagli anni '50 come moneta di borsa (da investimento). La Sterlina d'oro inglese è tra le monete più ricercate al mondo, sia dai numismatici sia dagli investitori. Il fatto che il suo prezzo fluttui in base al corso dell'oro, come tutte le monete che rientrano nella categoria dell'oro da investimento, non è l'unica variabile da prendere in considerazione. In effetti, la moneta può beneficiare di uno spread assai elevato in caso di crisi. Si ribadisce ulteriormente quanto sia importante la nozione di spread nell'acquisto e nella vendita delle monete d'oro. Prendiamo un esempio: nel 2009, le Sterline d'oro da collezione venivano rivendute in Inghilterra a circa £ 299 per un contenuto di oro pari a 0,23 oncia. Un'oncia d'oro veniva venduta a circa £ 600, vale a dire £ 150 per 0,23 oncia, secondo una regola del tre molto semplice. Questo vuol dire che nel 2009, la Sterlina d'oro valeva due volte il suo valore reale in oro. Ovviamente, bisogna saper capire quando lo spread si avvicina il più possibile allo spread di fondo, al fine di comprare nel miglior momento, e di avere così la possibilità di moltiplicare il suo valore in caso di esplosione dello spread in tempo di crisi. La Sterlina nell'immaginario collettivo è, infatti, la moneta più conosciuta al mondo e vendibile in qualsiasi Stato.

Marengo

Queste monete pesano 6,451 grammi e hanno una purezza - Titolo - pari a 900,00 ‰, con un peso in oro di 5,806 grammi.

Il Marengo italiano ha differenti varianti a seconda del sovrano che regnava al tempo dell'emissione della moneta.

I Marenghi italiani da investimento sono due con le effigi di: Vittorio Emanuele II e Umberto I. Il Marengo italiano è stato coniato dal 1861 fino al 1923 sebbene le monete del 900 siano meno comuni e, quindi, scambiate con valore numismatico.

- Il Marengo ha valore nominale di 20 lire.

Meno conosciute fuori dall'Italia, sono monete ricercate e facilmente scambiali nel nostro paese per la vicinanza storica e culturale che la moneta rappresenta per il popolo italiano. Per quanto riguarda i primi marenghi, prima dell'unità d'Italia si può risalire ai marenghi di Vittorio Emanuele I nel 1816 e in seguito Carlo Felice, Carlo Alberto e Vittorio Emanuele II hanno emesso marenghi d'oro durante il Regno di Sardegna ma in quantità limitate che non li rende monete da borsa ma hanno piuttosto valore numismatico. Lo stesso accade con le monete di Vittorio Emanuele III dei primi decenni del Novecento.

Queste monete, coniate a partire dall'instaurazione dell'Unione Monetaria Latina, sono le equivalenti del Marengo francese, il Napoleone 20 Franchi. Ne esistono diversi tipi, tutti da 21 mm di diametro e del peso di 6,45 g. Queste monete sono un investimento eccellente anche per chi muove i primi passi nel mondo dell'oro.

- La moneta Vittorio Emanuele II è tra le monete più ricercate e, quindi, migliori per un investimento davvero eccellente; le monete Vittorio Emanuele sono molto richieste e sono in possesso di un valore numismatico davvero eccezionale; sono monete che al di là dei confini italiani non sono molto conosciute e che proprio per questo motivo sono ricercate anche da molti collezionisti.

Alcune di queste monete sono, davvero molto rare, ma proprio per questo motivo possono raggiungere dei valori davvero da capogiro. Le monete molto rare sono un vero e proprio frutto del desiderio, è meglio però volare un po' più basso quando si vuole fare un ottimo investimento e cercare di acquistare le monete con un po' di razionalità. Le monete su cui è bene puntare sono quelle che hanno anche un ottimo potenziale di crescita per quanto riguarda lo spread. Acquistando le monete quando lo spread è basso e rivendendole quando è elevato è possibile ottenere un ottimo guadagno senza dimenticarepoi che il guadagno deriva anche dall'oro contenuto nella moneta. Le monete consigliate sono la Marengo o la Mezzo Marengo Vittorio Emanuele II che sono state coniate durante il Regno d'Italia. Non dovrebbe essere difficile trovarle, in quanto sono abbastanza diffuse. Così come non dovrebbe essere difficile poi rivenderle. La moneta Vittorio Emanuele III è anch'essa una moneta poco conosciuta fuori dai confini italiani, moneta quindi molto ricercate dai collezionisti. Anche in questo caso il consiglio è di puntare su monete che siano un po' più diffuse e semplici da trovare e che offrano la possibilità anche di guadagnare sullo spread. C'è da dire che trovare una moneta Vittorio Emanuele III è forse ancora più semplice che trovare una moneta Vittorio Emanuele II.

Vittorio Emanuele III, infatti, conosciuto anche con l'appellativo di "Re Numismatico", fece coniare davvero molte monete durante il suo regno.

La moneta Umberto I è una moneta da investimento davvero molto interessante. Si tratta di monete che anche in questo caso sono molto ricercate, un mercato insomma in continuo movimento con la possibilità di rivendere la moneta ottenendo un guadagno interessante. Attenzione, proprio perché sono così ricercate sul mercato sono presenti molti falsi ed è importante accertarsi sempre della loro veridicità prima diacquistarle.

10 Dollari Liberty

Peso moneta 16,7185 grammi - Titolo 900,00 ‰ - Peso oro 15,046 grammi. Dimensioni: mm 27.
Le monete d'oro da 10 Dollari USA "LIberty" sono state coniate dalla Zecca degli Stati Uniti (U.S. Mint) dal 1838 al 1907. La moneta d'oro da 10 Dollari americani "Liberty" presenta sul dritto

il busto di una giovane donna con una corona in testa che rappresenta la Libertà, attorno 13 stelle, in basso la data. Sul rovescio un'aquila con lo scudo americano e la scritta "In God we trust".

20 Dollari Liberty

Peso moneta 33,437 grammi - Titolo 900,00 ‰ - Peso oro 30,092 grammi. Dimensioni: mm 34.

Questa moneta ha un diametro di 34 millimetri e pesa 33,4370 grammi. Il suo titolo è di 900°/oo (per 1000 grammi d'oro, si hanno 900 grammi d'oro e 100 di rame, la base in metallo necessaria alla buona resistenza della moneta). Quando volete calcolare il peso in oro di una moneta (in particolare per conoscerne il potenziale spread) bisogna quindi fare 33,44 X 900/1000 = 30,10 grammi di oro puro. La moneta 20 Dollari Liberty è una tra le più gettonate tra gli investitori. Giornalmente quotata dalle borse, nel mercato internazionale dell'oro, è considerata al pari del Krugerrand sudafricano. La moneta da 20 Dollari Americani denominata "Liberty" fu coniata dal 1849 al 1907. Inizialmente (da 1849 al 1866) la moneta 20 dollari Liberty non riportava né il motto "IN GOD WE TRUST" né la dicitura "TWENTY D." che vennero aggiunti nel 1866 per volere dell'allora Segretario al Tesoro Salmon P. Chase. Poi tra il 1877 e il 1907 la dicitura "TWENTY D." viene modificata in "TWENTY DOLLARS". Il progetto originale della decorazione della moneta da 20 Dollari poi denominata Liberty fu ideato James B. Longacre, scultore di fama del tempo. Sul fronte è rappresentata la personificazione della Libertà contornata da 13 stelle rappresentanti le originarie 13 colonie Americane, ed alla base vi è riportata la data di conio. Nel retro un'aquila, simbolo dello stato americano, sporge da uno scudo a strisce.

20 Dollari St. Gaudens

Peso moneta 33,436 grammi - Titolo 900,00 ‰ - Peso oro 30,092 grammi. Dimensioni: mm 34.

Le monete d'oro da 20 Dollari USA "St. Gaudens" sono state coniate dalla Zecca degli Stati Uniti (U.S. Mint) dal 1907 al 1933.

La moneta d'oro da 20 Dollari americani "St. Gaudens" presenta sul dritto una donna che cammina con una fiaccola e un ramo d'ulivo in mano che rappresenta la Libertà. Sul bordo sono incise 64 stelle a cinque punte. Sul rovescio un'aquila con il sole alle spalle. La moneta deriva il suo nome dal suo bozzettista, lo scultore Augustus Saint-Gaudens, che realizzò sia il recto sia il verso e che le incise per volere del presidente Theodore Roosvelt.. E' considerata da molti la più bella moneta statunitense di sempre. Al contrario dei suoi predecessori, Roosvelt s'interessava molto all'aspetto delle monete nazionali, tanto da voler realizzare delle monete belle quanto quelle dell'antica Grecia. St. Gaudens accettò la sfida e creò una moneta da 20 dollari. Furono coniati ventidue esemplari di prova in altorilievo, cosa che implicò l'uso del conio per ben nove volte; due di essi vennero rifusi. Due degli esemplari rimasti sono conservati nella collezione della Società Americana di Numismatica. Lo Smithonian Institution e il Theodore Roosvelt Museum ne possiedono un esemplare ciascuno. Più tardi, nel 1907, 11 250 esemplari furono coniati con deirilievi meno marcati e vennero messe in circolazione. Queste presentano da una parte le parole E PLURIBUS UNUM (motto nazionale americano). Al roverscio, solo 13 raggi spuntano dal sole, mentre su quelle di prova ce ne sono 14. Queste monete conobbero 5 emissioni.

Esse furono accettate con entusiasmo, ma i banchieri e gli uomini d'affari si lamentavano perché difficili da impilare. Per rispondere a queste critiche, si preparano dei nuovi conii per delle monete da 20 Dollari millesimate in cifre arabe e con un rilievo molto meno sporgente. Queste furono emesse nel 1907 e nel corso degli anni seguenti. Il Presidente Roosvelt pensava che far figurare la scritta col nome di Dio su una moneta fosse una cosa blasfema, e così le prime emissioni disegnate da St. Gaudens apparvero senza l'inscrizione IN GOD WE TRUST che si trovava su tutte le monete d'oro da 5, 10 e 20 dollari fabbricate dal 1866 fino al 1907, senza eccezione. E' il sentimento religioso degli Americani instillato dalla Guerra di Secessione (1861-1865) che guidò la scelta di questo motto. All'epoca di Theodore Roosvelt, il pubblico, a quanto pare, si era abituato a vedere questa scritta nelle monete, poiché le proteste affluivano al Congresso, il quale decise di emanare la legge (18 maggio 1908) che prevedeva che su tutte le monete d'oro e d'argento comparisse questo motto. Per conformarsi alla legge, Roosvelt decretò che la legenda sarebbe comparsa sulle nuove monete: effettivamente, nel 1908, la scritta comparve sul rovescio della moneta, al di sopra del sole.

4 Ducati austriaci

Peso moneta 13,96 grammi - Titolo 986,11‰ - Peso oro 13,766 grammi. Dimensioni: mm. 39,7. Sebbene i 4 Ducati riportino la data 1915, quasi tutti gli esemplari in circolazione non sono stati prodotti in quell'anno: i 4 Ducati d'oro 1915 sono riconi e vengono tuttora prodotti dalla zecca austriaca e datati 1915. La moneta reca al diritto la testa laureata dell'imperatore Francesco Giuseppe I e al rovescio lo scudo austriaco sovrapposto a un'aquila bicipite coronata. Il 4 ducati oro Austria è attualmente una delle monete in oro da investimento con il titolo più elevato, pari, infatti, a 986 parti di oro per 1.000.

1 Ducato austriaco

Peso moneta 3,49 grammi - Titolo 986,11 ‰ - Peso oro 3,441 grammi. Anno di emissione: 1915 (quasi tutti i riconi successivi riportano questa data). Sebbene il Ducato riporti la data 1915, quasi tutti gli esemplari in circolazione non sono stati prodotti in quell'anno: il Ducato d'oro 1915 è un riconio e viene tuttora prodotti dalla zecca austriaca e datato 1915. Disponibile la preziosa moneta da 1 ducato austriaco in oro, conosciuta dai numismatici e collezionisti come ducatino. Il valore delle monete in oro è dato dal peso e dalla

percentuale d'oro puro presenti; il peso totale della moneta è di 3,490 gr di cui 3,441 di oro puro. Il ducato austriaco è un buon investimento e un oggetto da collezione unico. Sulla parte della testa è raffigurato Franz Iosef, imperatore d'Austria, mentre l'altro lato raffigura l'effige dell'aquila a due teste.

50 Pesos Messico

Queste monete pesano 41,667 grammi e hanno una purezza - Titolo - pari a 900,00 ‰ (cioé 90% d'oro e 10% rame per assicurare la solidità della moneta), con un peso in oro di 37,500 grammi e una misura di 37,1 mm di diametro. Prima della coniazione del Krugerrand Africano il 50 Pesos Messicano è stata la moneta da investimento più diffusa al mondo e attualmente rimane la più pesante moneta aurea di borsa con i suoi 41,667 grammi di peso. I 50 Pesos messicani furono coniati per la prima volta nel 1921 per il Centenario dell'indipendenza messicana dalla Spagna. Prodotta dal 1921 fino al 1931 e poi dal 1944 al 1947, è stata poi riconiata fino al 1972 mantenendo sulla moneta la data del 1947. E' una delle monete d'oro di borsa più apprezzate per la sua bellezza e il suo forte valore storico. Del 50 Pesos Messicano esiste un'unica versione: nel dritto sono raffigurati un'aquila posata su di un cactus con un serpente nel becco che simboleggiano il Messico; nel rovescio invece è rappresentata la vittoria alata che con una mano innalza una corona d'alloro e nell'altra impugna una catena spezzata simbolo della libertà conquistata. I vulcani Popocatepetl e Iztaccihautl sono rappresentati sullo sfondo. La data situata in basso a destra della moneta è il millesimo mentre la data 1821 corrisponde all'anno in cui il Messico ottenne l'Indipendenza. Costituisce oggi una scelta giudiziosa per chi vuole investire in monete d'oro sul lungo termine e, in effetti, è una delle monete che offre lo spread più debole e permette così di posizionarsi nell'oro quasi al prezzo del giorno. Sono state coniate più di 12 milioni di monete tra il 1921 e il 1972. La tiratura maggiore è datata

1947, in ragion del fatto che tra il 1949 e il 1972 furono riconiate più di 3.975.654 monete tutte datate 1947; solo 309.000 monete sono state realmente coniate nel 1947. Le monete riconiate e millesimate 1947 sono sempre di buona qualità, ma le monete dei millesimi anteriori sono a volte più care per via della loro rarità. Da notare anche l'esistenza di un tipo millesimato 1943, con tiratura pari a 89.000 esemplari. Un po' più rara.
A differenza del Krugerrand, la tiratura dei 50 Pesos è terminata e la moneta sarà tra qualche tempo legata alla rarità. Per l'acquisto, evitate le transazioni dirette dai privati poiché questa moneta è stata ampiamente copiata e circolano numerosi falsi.

Krugerrand

Peso moneta 33,93 grammi - Titolo 916,67‰ - Peso oro 31,10 grammi. Dimensioni: mm 32,61.

Il nome di questa moneta d'oro è un mix tra Kruger e Rand; il Rand non è nient'altro se non il nome della valuta ufficiale sudafricana, mentre Kruger corrisponde a Paul Kruger, un importante politico che è stato dal 1883 al 1902 presidente della Repubblica del Transvaal. Paul Kruger viene considerato ancora oggi un simbolo, una vera e propria icona, per il Sudafrica. Il Krugerrand è una moneta molto ricercata a livello mondiale dagli investitori in oro, oggi ma specialmente negli anni 80. Dal design non particolarmente accattivante e ricercato, fu coniata a partire dal 1967 dal Sudafrica e la moneta prende il nome da Paul Kruger ritratto sul dritto mentre al rovescio si trova lo springbok (gazzella), animale simbolo del Sudafrica di cui se ne contano oltre 2 milioni di esemplari.

- La moneta viene altresì prodotta in 4 diverse misure seguendo le misure di peso anglosassoni (1/10, 1/4, 1/2 e 1 oncia) sebbene quella da un'oncia sia la più semplice da trovare e scambiare sul mercato.

La moneta d'oro Kruggerand è stata coniata per la prima volta nell'ormai lontano 1967 per cercare di sostenere la vendita dell'oro di provenienza sudafricana, una moneta che ebbe da subito un immenso successo. La moneta Kruggerand venne acquistata in ogni paese delmondo, in modo particolare però in America dove, infatti, i lingotti non potevano essere posseduti dai privati mentre le monete d'oro sì. Per comprendere il grande successo che questa moneta riuscì a ottenere basti sapere che solo dal 1967 al 1969, in soli due anni quindi, ne sono stati coniati ben 40.000 esemplari all'anno. Si stima che nel 1970 ci fossero in tutto il mondo oltre 211.000 monete per arrivare poi qualche anno più tardi, nel 1974, a superare i 3,2 milioni di monete.Il record è stato raggiunto nel 1978, si stima, infatti, che fossero oltre 6 milioni le monete Kruggerand in circolazione. Ci sono alcuni siti internet che offrono in vendita delle monete Kruggerand d'argento. Attenzione, si tratta di una truffa. Non è mai stata, infatti, legalmente coniata una moneta di questa tipologia, in quanto tutte le monete Kruggerand sono solo in oro con una purezza pari al 91,7%.

Le misure sono le seguenti:

- Quella da 1 oncia ha un diametro da 32,61 mm a 31,67 mm e uno spessore da 2,74 a 2,84 mm (33,9 grammi).

- Quella da 1/2 oncia ha un diametro da 26,93 mm a 27,07 mm e uno spessore da 2,12 mm a 2,21 mm (16,9 grammi).

- Quella da 1/4 di oncia ha un diametro da 21,94 mm a 22,06 mm e uno spessore da 1,79 mm a 1,89 mm (8,48 grammi).

- Quella da 1/10 di oncia (3,93 g) ha un diametro da 16,45 mm a 16,55 mm e uno spessore da 1,25 mm a 1,35 mm.

20 Franchi Svizzeri

Peso moneta 6,45 grammi - Titolo 900,00‰ - Peso oro 5,0 grammi. Dimensioni: mm 21.

Questa moneta possiede le medesime caratteristiche fisiche del Marengo Italiano. Il suo premio è simile a quello della moneta Vittorio Emanuele. I 20 Franchi Svizzeri sono molto ricercati nel loro Paese d'origine ma riscontrano grande successo anche nel resto dei Paesi Europei che s'interessano all'oro da investimento. Questa moneta, avendo circolato poco, ha conosciuto la calma delle casseforti e deve dunque conservare sempre un aspetto praticamente nuovo. Una buonissima alternativa alle monete d'oro italiane. Monete coniate tra i secoli XIX e XX con le stesse caratteristiche degli altri marenghi dei paesi appartenenti all'Unione monetaria latina. Tali esemplari raffigurano i regnanti del tempo o figure allegoriche caratteristiche del paese emittente.

Panda cinese

La Panda cinese, valutata come una scelta di successo per investire in monete d'oro, è stataavviata sul mercato dalla People's Bank of China nel 1982 ed ebbe da subito dei riconoscimenti e apprezzamenti, non solo come moneta da investimento, ma anche da collezione. Il fornitore ufficiale della moneta è la China Gold Coin Corporation. Anzitutto è una moneta composta da oro puro 24 carati e inoltre è molto bellaesteticamente. Sul dritto è raffigurato il panda, che è l'animale simbolo cinese, ma la sua peculiarità va ricercata nel fatto che la raffigurazione del panda cambia ogni anno, con l'eccezione tra il 2001 e il 2002 rimasto uguale, e per questo motivo e anche per la tiratura abbastanza limitata, la Panda cinese è considerata una moneta d'oro molto rara. Rimane sempre uguale, invece, il disegno riprodotto sul rovescio della moneta, che raffigura il Tempio del Cielo di Pechino e la scritta in mandarino "Repubblica Popolare della Cina".
La moneta è riprodotta in diverse misure:
- 1 oncia
- 1/2 oncia
- 1/4 di oncia
- 1/10 di oncia
- 1/20 di oncia

Esistono anche da 5 e 12 once, ma molto rare e difficili da reperire. Quella più ricercata da investitori e collezionisti è la moneta da 1 oncia, il cui valore nominale, determinato in base alla consistenza d'oro, è di 500 Yuan. La moneta ha un peso di 31,103 grammi, un diametro di 32,05 millimetri e uno spessore di 2,70 millimetri; contiene, quindi, un quantitativo di oro puro pari al suo peso, che corrisponde a 1 oncia.

Le altre misure disponibili sono:

- 1/2 oncia: moneta da 200 Yuan del peso di15,552 grammi, diametro di 27 mm e titolo sempre pari a 999,90 ‰.

- 1/4 di oncia: moneta da 100 Yuan del peso di 7,776 grammi, diametro 21,95 mm e titolo sempre pari a 999,90 ‰.

- 1/10 di oncia: moneta da 50 Yuan del peso di 3,11 grammi, diametro di 17,95 mm e titolo sempre pari a 999,90 ‰.

Una precauzione per chi vuole investire in monete d'oro puro, quindi molto fragili e delicate come appunto la Panda cinese, è quella di conservarle con estrema cura per evitare che possano essere danneggiate. Esistono sul mercato anche le monete Panda in argento e in platino, con un disegno quasi uguale a quello della versione in oro. La moneta in argento è quella più ricercata dagli investitori. In definitiva, la Panda cinese, per la sua bellezza e per la raffinatezza dei suoi disegni, viene considerata, in un'ottica di lungo termine, un'ottima opportunità per chi intende investire in monete d'oro.

Vera Valor

1 oncia d'oro puro. Creata e immessa sul mercato nel 2011 dalla società AuCOFFRE.com, la Vera Valor è la 1ª oncia d'oro puro al 999,9‰ proveniente dalla filiera d'estrazione pulita. Con un titolo superiore a 995‰, la Vera Valor rientra nell'ambito dell'oro da investimento ed è, quindi, esente da IVA. Questa moneta, fusa dalla raffineria Valcambi, possiede un numero di serie inciso, un punzone, ed è inoltre tracciabile dalla A alla Z.

Tutte le sue informazioni sono contenute nel codice QR inciso sul rovescio di ogni moneta. Oro da investimento per eccellenza, la Vera Valor è un prodotto d'investimento unico: un codice QR che la rende infalsificabile, nessun valore nominale, proveniente dall'estrazione pulita, e la sua qualità "Swiss Made" e "Good Delivery" ne fanno una moneta riconosciuta nei mercati finanziari internazionali. La Vera Valor possiede un rovescio esclusivo, un'innovazione tecnica, un codice QR scannerizzabile unico per ogni moneta e inciso con un laser. Questo permette di verificare con un semplice smartphone che la moneta sia vera e non falsa; questa procedura infalsificabile rende quindi la contraffazione impossibile e rinforza la sicurezza del prodotto.

- Il valore viene stabilito moltiplicando il prezzo del giorno dell'oro per la quantità di oro (espressa in grammi) presente nella moneta.

Ad esempio, per calcolare il valore di una sterlina d'oro oggi dobbiamo controllare il prezzo dell'oro al grammo, poniamo 26 euro al grammo, moltiplicare questo valore per i grammi d'oro della nostra sterlina, ottenendo così il valore di riferimento di 190,38 euro: 26 * 7,3224.

Per essere considerata una moneta da investimento e godere dell'esenzione IVA, secondo la legge, la moneta deve avere come titolo almeno 900 millesimi, ovvero 21 carati. L'oro puro a 24 carati è quello a 999 ‰. Le monete d'oro nella tabella precedente sono tutte monete da investimento. Una moneta d'oro da investimento può essere acquistata attraverso due canali principali:

- Da privati.
- Da intermediari (banche, agenti di cambio, banco metalli). Per quanto riguarda gli intermediari è possibile effettuare una ricerca degli operatori professionali dove vengono riportati tutti gli operatori professionali in oro abilitati dalla Banca d'Italia (526 in tutta Italia tra gioiellerie, banco metalli e negozi di numismatica).

Quando si decide di investire in oro comprando una moneta si ha anche il vantaggio di godere della bellezza della moneta. Fra tutte le possibilità di investimento, insieme ai gioielli, è sicuramente quella che offre la più bella lavorazione del metallo prezioso regalandoci anche un valore storico dell'oggetto. Ci sono, infine, delle monete nelle quali è meglio evitare di mettere i propri soldi, ovvero, le medaglie con valore nominale come le monete regionali e tutte le serie limitate, le edizioni speciali e vi dicendo. In genere, queste monete sono ipervendute alla base con un premio sostanziale, più care quindi del loro valore corrente; se non fosse che queste monete hanno la spiacevole tendenza a diventare obsolete molto facilmente e sono semplicissime da copiare. Tra qualche anno, queste monete potranno perdere il loro valore nominale, non sono, quindi, delle buone monete da investimento a medio e lungo termine. Non è con questo tipo di monete che mettete al sicuro il vostro patrimonio, e nemmeno con dei gioielli in oro.

Tassazione monete

Al contrario degli investimenti in argento, gli investimenti in oro sono IVA esenti secondo la legge n.7 del 17 gennaio 2000. Per essere considerato un investimento esente da IVA, la moneta oggetto di acquisto deve rispondere alle seguenti caratteristiche:
- Purezza della moneta di almeno 900 ‰
- Coniata dopo il 1800 e moneta legale (presenteo passata) nel Paese di origine.
- Venduta a un prezzo che non supera dell'80% il prezzo del valore dell'oro contenuto nella moneta, ovvero se una moneta al prezzo di mercato ha un valore di riferimento costa 1.000 euro, non può essere venduta a più di 1.800euro.

Quando una o più monete vengono vendute, l'investitore è invece soggetto a tassazione come da decreto legge 66 del 24 aprile 2014, il quale prevede la tassazione su redditi diversi di natura finanziaria pari al 26% (dal precedente 20%) sulla plusvalenza.
Si devono a questo punto distinguere due casi qualora vi sia o meno la documentazione relativa all'acquisto.

- Qualora vi sia documentazione che dimostra l'acquisto recente, la plusvalenza sarà calcolata come prezzo di vendita meno prezzo di acquisto. Ad esempio, l'investitore ha comprato 2 anni fa alcune monete d'oro da investimento pagando 10.000 euro e le rivende a 12.500 euro. Nella prossima dichiarazione dei redditi dovrà dichiarare la plusvalenza di 2.500 euro e pagare su di essa il 26%: l'imposta dovuta sarà di 650 euro.

- In assenza di documentazione, in quanto l'investitore ha ereditato delle moneta d'oro di cui non possiede documentazione, si stima la plusvalenza in un valore del 25% del prezzo di vendita. Ad esempio, l'investitore vende le monete a 12.500 euro. Nella prossima dichiarazione dei redditi dovrà dichiarare la plusvalenza, 25% del prezzo di vendita, ovvero 3.125 euro e pagare il 26% su questa plusvalenza: 813 euro.

Lingotti

I lingotti costituiscono la forma d'oro più pura esistente sul mercato. I lingotti d'oro possono essere di diverse dimensioni e peso. I lingotti col prezzo relativamente più alto sono i lingotti d'oro da un grammo, in genere acquistati per essere regalati. Normalmente sono rivestiti di plastica, e costano il doppio rispetto al loro valore effettivo in oro e non costituiscono pertanto un mezzo efficace di investimento.

Al contrario, i lingotti d'oro relativamentepiù conveniente sono i lingotti Good delivery da 400 once troy (circa 12,4 Kg), i lingotti da investimento per antonomasia.

- Per convenzione, infatti, ogni lingotto viene definito puro al 999,99 per mille.

Sono i lingotti d'oro conservati dalle banche centrali, e scambiati nel mercato professionale dell'oro di Londra, il centro del mercato dell'oro attivo 24 ore su 24.

E' lo scambio di questi lingotti da 400 once, insieme ai lingotti approvati dal Comex di New York (lingotti d'oro del peso di 100 once), che crea il prezzo spot che viene pubblicato sui siti internet e sui giornali.

Dall'anno duemila, a un risparmiatore privato italiano è permesso detenere anche oro fino, cioè non lavorato. I lingotti d'oro possono essere di diverse dimensioni ma il loro valore al grammo è inversamente proporzionale al peso: 1000 lingotti da un grammo costano più di un unico lingotto da un chilo, per via dei costi di produzione. E' consigliabile l'acquisto di lingotti da investimento del peso di circa 12,5 Kg; si tratta di lingotti acquistati nei mercati regolamentati dell'oro e rifiniti da un raffinatore autorizzato. Questi lingotti hanno un numero di serie, almeno il 99,5% di purezza e un peso certificato ufficialmente. Il processo di verifica è chiamato "saggiatura".

- I lingotti che passano questo severo test di verifica sono classificati come lingotti Good Delivery dal mercato professionale dell'oro e mantengono lo status finché sono conservati all'interno di caveau accreditati nel mercato riconosciuto dell'oro (formato da banche e altri intermediari autorizzati).

All'interno di questo mercato, viene registrato ogni spostamento di un lingotto tra caveau autorizzati. Così si crea la catena dell'integrità, che si spezza quando il lingotto esce dal caveau autorizzato; per esempio qualora venga ritirato dal risparmiatore e depositato in una cassetta di sicurezza (nella quale potrebbe perdere la propria integrità). L'oro che rimane all'interno del mercato viene venduto a un prezzo più alto, perché gli acquirenti professionisti lo accetteranno al suo valore – senza necessità di ripetere la saggiatura. Viceversa, se un lingotto lascia il sistema dei caveau autorizzati, perde la garanzia di purezza e rischia di svalutarsi, pena il costo di una nuova saggiatura a carico del possessore".

- Un'oncia troy (t oz) equivale a 31,1034768 grammi ovvero 0,0311034768 kg.

L'oncia troy viene utilizzata nel misurare il peso e il prezzo dei metalli preziosi: oro, platino e argento.
Il sistema proviene dalla città francese di Troyes, e fu la base per il sistema di conio monetario britannico introdotto da Enrico II d'Inghilterra.
Nel 1828 il sistema delle once troy fu poi adottato dalla US Mint (la zecca degli Stati Uniti d'America).
Solitamente i lingotti sono con 999,9 millesimi di oro

(quindi non sono mescolati con altri metalli ma sono tutti di oro puro). Londra è il centro del mercato dell'oro fisico.

Ogni giorno le bullion bank più importanti si riuniscono per decidere il prezzo ufficiale, che viene pubblicato sul sito della LBMA - London Bullion Market Association. Il prezzo ufficiale è pubblicato tutti i giorni lavorativi della settimana alle ore 12:00 di Londra per l'argento e alle ore 15:00 per l'oro. Per gli acquisti di argento al prezzo ufficiale è necessario introdurre l'ordine prima delle 11:45, mentre per l'oro gli ordini vanno predisposti prima delle 14:45. Il prezzo internazionale di Londra non viene pubblicato nella giornata di sabato e domenica e durante le festività nel Regno Unito.

- Oggigiorno esistono più di trenta tipi di lingotti d'oro che circolano nei mercati locali di tutto il mondo. I lingotti più scambiati sono quelli del mercato ufficiale - aperto 24 ore al giorno, 5 giorni la settimana - che vengono scambiati attraverso i dealer di Londra, e sono denominati Good delivery.

Sono cinquantacinque i raffinatori autorizzati dalla LBMA che ogni anno creano circa 150 mila lingotti da 400 once. Tale quantità ha il valore di circa 54 miliardi di euro.

Nei mercati locali dell'India, Singapore e il Medio Oriente, il lingotto d'oro più scambiato ha il peso di dieci tola ed è quindi chiamato Ten Tola. Normalmente questi lingotti non hanno un numero di serie, e pesano circa 3,75 once troy (117 grammi). Si calcola che ogni anno ne vengano coniati due milioni. In Cina, il formato più comune per i lingotti d'oro è il biscotto da cinque tael (6 once, 187 grammi). Vengono manufatti a Hong Kong, e sono riconosciuti dal Chinese Gold and Silver

Exchange, operativa da ormai quasi cento anni. Al di fuori dall'Asia, il formato di lingotti d'oro più venduto è quello da un chilo (32,15 once). Più di un milione di questi lingotti vengono coniati ogni anno, per lo più in Svizzera.

Le raffinerie più importanti creano anche una quantità abbastanza importante di lingotti da un'oncia. Così come i lingotti d'oro da un chilo, anche questi lingotti di formato ridotto sono venduti come la via più semplice per un investitore privato che desidera investire in oro. Eppure anche i lingottini, seppure più convenienti delle monete, presentano notevoli svantaggi. Comprare lingotti d'oro è quasi sempre più conveniente che comprare lo stesso peso in monete. Più è grande il lingotto, più sarà relativamente conveniente. Acquistare lingotti piccoli per conservarli a casa, o in una cassetta di sicurezza, presenta i seguenti inconvenienti:

- Prezzo: comprando lingottini si perde dal 2% al 4% sul valore dell'effettivo contenuto in oro. Una perdita analoga avverrà al momento della rivendita.

- Consegna: la maggior parte dei venditori vi chiederanno che siate voi a sostenere le spese di assicurazione sia al momento della consegna, sia nel caso in cui lo dobbiate rispedire al momento della vendita.

- Sicurezza: è molto costoso assicurare dei lingotti d'oro conservati in casa, anche se si decidesse di investire in una cassaforte. Né utilizzare una cassetta di sicurezza in una banca sarebbe più conveniente. Conservare oro senza assicurarlo non è un'opzione da considerare.

Se l'acquisto e la vendita di lingotti d'oro si indirizza più in particolare ai grandi investitori che dispongono di un capitale sufficiente per acquistare una tale quantità, esistono dei lingotti più piccoli che si rivolgono agli investitori più modesti. Si contano quattro categorie di questi lingotti classificati in funzione della loro composizione in oro puro.

- Il lingotto più piccolo pesa 50 grammi d'oro puro e ha un valore attuale di 2.000 €
- C'è poi il lingotto da 100 grammi d'oro puro il cui valore attuale è di 4.000 €
- Il lingotto da 250 grammi d'oro puro ha un valore attuale in Borsa di 10.000 €
- Infine il lingotto da 500 grammi ha un valore attuale in Borsa di 20.000 €

Ma attenzione, la quotazione di questi lingotti è sottomessa anch'essa alla domanda e all'offerta e può quindi variare con il tempo sul mercato.

Per conservare il proprio status Good delivery, i lingotti da 400 once scambiati da raffinatori, dealer e operatori specializzati, devono rimanere all'interno di camere blindate specializzate e accreditate.

Spostare i lingotti Good delivery fuori dal circuito degli operatori riconosciuti, pure per custodirlo in una banca, significa rompere la catena di integrità che garantisce la qualità del lingotto. L'integrità garantisce il massimo valore al momento della rivendita dei lingotti d'oro Good delivery. Solo di recente l'investimento in oro di qualità Good delivery è stato reso disponibile anche agli investitori privati che non vogliono comprare un lingotto intero, permettendo, infatti, di comprare oro da un minimo di un grammo. L'oro è custodito in camere blindate riconosciute, e conserva quindi il massimo valore al momento della vendita. I costi di custodia, che sono inclusivi di assicurazione, possono essere di appena lo 0,12% all'anno. Una curiosità: la Mitsubishi Materials

Corporation, produttore di materiali giapponese, ha creato nel 2005 il lingotto d'oro più grande del mondo con un peso di 250 kg. Il lingotto, che a fine 2015 è valutato poco meno di 8 milioni di euro, misura 45,5 cm per 22,5 cm alla base ed è alto 17 cm e detiene tuttora il Guinness dei primati per il lingotto d'oro più grande al mondo.
E' interessante scoprire che anche gli investimenti in oro fisico non sono tutti uguali. La discriminante che un privato, che siaccinge a scegliere un'azienda con la quale operare il proprio investimento in oro fisico dovrebbe considerare, è che l'oro che acquista deve essere oro fisico allocato. Oro allocato è un concetto complesso che definisce una cosa molto semplice: oro fisico di proprietà esclusiva di chi lo ha comprato.

- Comprare oro fisico avendo proprietà esclusiva dell'oro è oggi reso più facile ed economico dal fatto che è possibile delegare la custodia dell'oro ad aziende specializzate e riconosciute dal mercato internazionale dell'oro e gestite da operatoriprofessionisti.

Questa possibilità si traduce in un notevole risparmio di tempo e denaro perché si eliminano i tempi di consegna dell'oro e i costi di assicurazione privata nel caso si decidesse di custodire l'oro in casa. L'azienda che gestisce le camere blindate non ha alcun diritto sulla proprietà dell'oro che ha in custodia. Non può trattare, prestare o dare in leasing l'oro dei suoi clienti. Tantomeno ha diritto di vendere l'oro allocato, quindi di proprietà legittima dei suoi clienti, per far fronte ai debiti in caso di insolvenza. L'oro rimane in tutto e per tutto di proprietà di chi lo ha comprato. L'oro allocato, come il nome stesso suggerisce, è l'opposto dell'oro non allocato. L'oro cosiddetto non allocato è in realtà un conto in oro. L'oro non allocato è meno costoso dell'oro allocato, e questo perché investendo in oro non allocato si diventa creditori dell'azienda (non proprietari dell'oro allocato) che custodisce e vende l'oro. L'oro non allocato, inultima istanza, non è proprietà di chi lo paga.

Soltanto un investimento in oro fisico allocato può dare le garanzie di sicurezza che chi sceglie di investire in oro sta cercando. L'oro fisico allocato dà, infatti, pieno possesso dell'oro che sottende l'investimento: non si diventa creditori di un'azienda o una banca, ma semplicemente proprietari di diritto di un determinato quantitativo d'oro. Il 95% del business legato agli investimenti in oro fisico tratta in realtà oro non allocato. L'oro non allocato è un conto paragonabile a un conto corrente bancario: si diventa creditori (non proprietari) di un bene, e l'istituzione che ha emesso il credito ha diritto di utilizzare il bene per il proprio vantaggio. Un investimento in oro fisico non allocato lascia, quindi, esposti al rischio di insolvenza dell'istituzione che ha emesso il credito (una banca, o altra istituzione finanziaria), cosa che va contro il fine ultimo della maggior parte degli investimenti in oro fisico, ovvero la sicurezza di avere un investimento che è privo di rischi se non quello legato al prezzo corrente dell'oro.

- Le banche o le aziende che offrono la possibilità di investire in oro fisico non allocato vendono, quindi, ai propri clienti crediti in oro.

L'oro che viene offerto esiste soltanto in parte, e se ipoteticamente tutti i clienti volessero chiedere il prelievo dell'oro fisico, le riserve non sarebbero sufficienti per soddisfare tutti i creditori. Alcuni investitori ovviano a questo rischio con un compromesso: decidono di investire in oro fisico e di conservare privatamente il proprio investimento. Per quanto ciò sia consigliabile per gli investimenti di piccolo calibro, le misure di sicurezza diuna camera blindata professionale sono certamente più affidabili per gli investimenti in oro fisico di valore più importante. Non solo: la custodia in una camera blindata professionale può comprendere anche l'assicurazione e mantenere nonostante tutto prezzi estremamente competitivi. In generale, è sempre consigliabile affidarsi ad operatori specializzati e riconosciuti dalla London Bullion Market Association.

La LBMA stabilisce le regole per lo standard Good delivery, e riunisce gli operatori del settore dell'oro che fanno funzionare il mercato ufficiale di Londra.

Da ricordare che, come per le monete, l'acquisto di lingotti non è soggetto a IVA in base alla legge 7 del 17 gennaio 2000.

Lamine

Un altro metodo di investimento molto simile ai lingotti sono le lamine d'oro. Sebbene queste non siano rinomate per la loro bellezza, le lamine d'oro possono essere tagliate secondo il peso desiderato e sono più facilmente lavorabili dei lingotti.

- La nascita di questo strumento di investimento è dovuta alla necessità di poter liquidare solo una parte dell'investimento, cosa che non è possibile fare con un lingotto. La malleabilità e sottigliezza di questi laminati offrono proprio questa possibilità.

Le lamine d'oro possono, quindi, essere tagliate e frazionate potendo rivendere solo una parte dell'investimento in oro iniziale. Anche le lamine d'oro possono essere acquistate da un operatore professionale e recano sulla lamina il titolo dell'oro che dovrebbe essere di 999,99 millesimi.

Le lastre (o lamine in oro) possono essere di diverse larghezze e spessore. Possono, inoltre, essere fornite in ogni tipo di lega e, quindi, di titolatura.

- Solitamente la loro larghezza massima è di circa 300 mm mentre il loro spessore minimo è di 0,30 mm e hanno un aspetto tipicamente lucido da laminazione.

Nonostante non siano molto conosciute sono una valida alternativa all'acquisto dei lingotti o delle monete. Infatti, un buon motivo per comprare le lastre è che il venditore non avrà problemi a farvi avere questi laminati nel peso totale che voi richiederete, mentre questo non può avvenire sui lingotti o le monete da investimento. Se si vuole fare un investimento per 70 grammi di oro, non esistono lingotti o monete di quel peso a meno che non vengano confezionati su misura e quindi a un prezzo maggiorato per la lavorazione. Con un laminato occorrerà semplicemente fare un calcolo matematico e tagliare la lamina alla lunghezza giusta.

Trattandosi sempre di oro fisico dovremo fare sempre attenzione alla titolatura (o carato) in modo da conoscere realmente la quantità di oro presente nella lastra. Esistono, infatti, lastre di oro puro a 24kt ma anche lastre composte di leghe a 20kt o 18kt.

Da ricordare che, come per le monete e i lingotti, l'acquisto delle lamine non è soggetto a IVA in base alla legge 7 del 17 gennaio 2000.

- Una curiosità riguarda le Lamine di Pyrgi.

Le Lamine di Pyrgi sono tre documenti incisi su lamine d'oro, di notevole interesse storico-linguistico per l'archeologia etrusca e considerate tra le prime fontiscritte in lingue italiche. Le tre lamine d'oro del VI secolo a.C., con la stessa iscrizione riportata in etrusco, in fenicio e in punico sono state rinvenute a Pyrgi (oggi Santa Severa, in provincia di Roma), porto antico di Cere. Attualmente i reperti sono conservati al Museo Nazionale Etrusco di Villa Giulia, a Roma.

Le lamine sono state rinvenute l'8 luglio 1964 durante una campagna di scavo, sono alte circa 20 cm e testimoniano la consacrazione del tempio alla dea fenicia Astarte. Sebbene non comparabili - per l'imperfetta corrispondenza di contenuti e per la lunghezza decisamente inferiore - alla famosa stele di Rosetta che permise la quasi totale decifrazione dei geroglifici egizi, le lamine di Pyrgi hanno comunque permesso agli studiosi una comprensione parziale della lingua etrusca.

Riserve auree nel mondo

Ogni Stato ha una propria riserva di oro.
Ma quali sono i Paesi con le maggiori quantità di riserve auree? I più grandi detentori di oro individuali - banche centrali, organizzazioni internazionali e governi - si ritiene conservino un ammontare pari a circa il 17% di oro del mondo, corrispondente a circa 32.397 tonnellate, secondo quanto riportato dal World GoldCouncil.
Durante il 2016 il Venezuela ha venduto molto oro a causa della crisi valutaria per procurarsi valuta estera. Esce dunque dai primi 20 posti della classifica passando da 361 a 194 tonnellate. La percentuale di riserve in oro è cresciuta per la quasi totalità degli Stati a causa dell'aumento significativo del prezzo dell'oro. In totale nel primo trimestre del 2000 le banche centrali detenevano 33.028 tonnellate di oro e il loro livello è andato a scendere fino a poco prima della crisi del 2007-8 fino a raggiungere 29.766 tonnellate a fine 2007. Da quel momento, con l'avvento della crisi le banche centrali sono tornate ad accumulare oro come riserva tornando ai livelli odierni di 32.397 tonnellate. Sono state specialmente le economie asiatiche ad accumulare ricchezze in oro insieme alla Russia, quest'ultima specialmente dopo la crisi. Le riserve auree, sono la garanzia più tangibile delle banconote stampate da un paese o, guardando le cose da un'altra angolazione, sono la carta da giocare nei momenti di disperazione, l'ultima barriera per evitare un default finanziario. Per questi motivi, costituiscono un aspetto importante nella valutazione della solidità patrimoniale.

Stati Uniti

Valore delle riserve: 418,4 mliardi dollari.
Oro totale: 8.133 tonnellate.
E' il paese con le riserve d'oro più grandi del mondo, con quasi 26 grammi pro- capite. Il Bullion Depository degli Stati Uniti, nel Kentucky, altrimenti noto come Fort Knox, è la riserva d'oro più famosa del mondo. Essa detiene la maggioranza delle riserve auree della nazione, il resto della quale è custodito presso la zecca di Philadelphia, la zecca di Denver, il West Point Bullion Depository e il San Francisco Assay Office.

Germania

Valore delle riserve: 174,7 miliardi dollari.
Oro totale: 3.378 tonnellate.
La Deutsche Bundesbank, la banca centrale tedesca, ha 3.378 tonnellate di riserve auree, che sono valutate in circa 174,7 miliardi dollari. Secondo il World Gold Council, le casse auree della Germania rappresentano il 73,7% del totale delle riserve in valuta estera. Il paese mantiene solo circa un terzo del suo oro in casa, il resto è all'estero. Il 45% è a New York, il 13% a Londra, l'11% a Parigi e solo il 31% nella Bundesbank a Francoforte.

Fondo Monetario Internazionale (FMI)

Valore delle riserve: 144.760 milioni dollari.
Oro totale: 2.814 tonnellate.
Il Fondo Monetario Internazionale sovrintende alle operazioni economiche internazionali dei 185 paesi membri. Le sue politiche in materia di oro sono cambiate negli ultimi 25 anni, ma le riserve rimangono per stabilizzare i mercati internazionali e favorire le economie nazionali. Il FMI ha venduto una parte delle sue riserve nel

dicembre 1999 per aiutare i paesi poveri e fortemente indebitati.

Italia

Valore delle riserve: 126.120 milioni dollari.
Oro totale: 2.451 tonnellate, di cui 95.493 lingotti.
La Banca D'Italia gestisce le riserve in valuta estera dell'Italia, che ammontano a 2.451 tonnellate per un valore di 126,12 miliardi di dollari ed equivalenti al 73,4% delle riserve valutarie del paese.

Francia

Valore delle riserve: 125,28 miliardi dollari.
Oro totale: 2.435 tonnellate.
La Banca nazionale francese, la Banque de France, è il luogo dove sono allocate le riserve auree del paese, che equivalgono a circa il 71,8% delle riserve in valutaestera.

SPDR Gold ETF (GLD)

Valore dei possedimenti: 64,53 miliardi dollari.
Oro totale: 1.213,9 tonnellate.
Se il prezzo dell'oro oscilla, ugualmente si comporta il valore dell' SPDR Gold Trust, conosciuto anche come il GLD. Tale fondo, presso cui gli investitori possono comprare il prezioso metallo, a differenza delle altre grandi riserve d'oro, detiene 38.845.889 once, ovvero 1.213,9 tonnellate di oro.

Cina

Valore delle riserve: 54.220 milioni dollari.
Oro totale: 1.828 tonnellate.
Il paese più popoloso del mondo si colloca al settimo posto della classifica. E' opportuno precisare che l'oro della Cina rappresenta solo l'1,8% delle sue riserve valutarie. Con una popolazione di 1,34 miliardi, il paese detiene circa 40,46 dollari in oro a persona, per untotale di 54,22 miliardi dollari.

Svizzera

Valore delle riserve: 53.500 milioni dollari.
Oro totale: 1.040 tonnellate.
La Banca nazionale svizzera gestisce le 1.040 tonnellate d'oro del paese. Quale ottava più grande riserva del mondo, le scorte auree della Svizzera ammontano a circa 53,5 miliardi dollari e rappresentanoil 15,8% delle riserve valutarie del paese, anche se questa percentuale è scesa lo scorso anno.

Russia

Valore delle riserve: 44.800 milioni dollari.
Oro totale: 1.506 tonnellate.
La Banca centrale della Federazione russa è responsabile delle 1.506 tonnellate d'oro, valutate a 44,8 miliardi dollari ed equivalenti al 9,2% delle riserve valutarie del paese. Nel 2009, la Russia ha aumentato lasua produzione di oro del 21 per cento, con l'avvio di numerose nuove miniere. Nel 2010, il paese ha superato il Giappone, in termini di possedimenti totali, incrementando, in un solo anno, le proprie scorte dioltre 140 tonnellate.

Giappone

Valore delle riserve: 39.360 milioni dollari.
Oro totale: 762 tonnellate.
Anche se il Giappone è nono nella lista, le sue 762 tonnellate di oro valgono solo il 3,5% del totale delle riserve in valuta estera. Sul mercato aperto, le riserve auree del Giappone, supervisionate dalla Banca del Giappone, sarebbero valutate in circa 39,36 miliardi dollari.

Paesi Bassi

Valore delle riserve: 31.500 milioni dollari.
Oro totale: 612 tonnellate.
De Nederlandsche Bank gestisce le finanze nazionali del paese, comprese le riserve auree, che ammontano a circa 31,5 miliardi dollari e rappresentano il 61,9% delle riserve valutarie del paese. Le riserve auree del paese sono a un livello minimo, considerando che nel 2000 erano di 911,82 tonnellate.

India

Valore delle riserve: 28.690 milioni dollari.
Oro totale: 558 tonnellate.
La seconda nazione più popolosa del mondo si collocaal 12° posto tra i paesi che possiedono le più grandi riserve d'oro. La Reserve Bank of India controlla attualmente le 558 tonnellate d'oro, per un valore di 28,69 miliardi di dollari, pari al 9,6% delle riserve in valuta estera. L'India potrebbe continuare a scalare la classifica e ad avanzare verso l'alto, considerato che il governo ha chiesto al Geological Survey of India di estrarre riserve auree, non sfruttate prima, in molti dei suoi stati.

Banca centrale europea

Valore delle riserve: 25.800 milioni dollari.
Oro totale : 505 tonnellate.
Fondata nel 1998 dall'Unione Europea, la Banca centrale europea (BCE) è responsabile della politica monetaria dei paesi membri della zona euro e ha sede a Francoforte. La BCE detiene 505 tonnellate di oro, che equivalgono al 35% delle riserve valutarie della banca e il cui valore è pari a 25,8 miliardi dollari sul mercato.

Taiwan

Valore delle riserve: 21.700 milioni dollari.
Oro totale: 422 tonnellate.
Rinomata per la sua industria tecnologica e per la sua robusta crescita economica, Taiwan vanta anche una delle più grandi riserve auree del mondo. La Banca Centrale della Repubblica di Cina (Taiwan) gestisce le riserve valutarie della nazione, che ammontano a 422 tonnellate, per un valore di 21,7 miliardi dollari, ed equivalente a circa il 5,9% delle riserve valutarie del paese.

Portogallo

Valore delle riserve: 19.700 milioni dollari.
Oro totale: 383 tonnellate.
La nazione più occidentale dell'Europa continentale è la 15ª più grande riserva di oro del mondo. Le 383 tonnellate del prezioso metallo possedute dal Portogallo sono supervisionate dal Banco de Portugal e sono valutate in circa 19,7 miliardi dollari, pari all'89,2% delle riserve valutarie del paese.

Conclusioni

Storicamente l'oro è sempre stato un bene rifugio su cui contare nei momenti di difficoltà e di crisi, quando la fiducia nella moneta corrente a corso legale viene a mancare per motivi politici e/o economici. Ogni moneta a corso legale ai giorni nostri soffre la possibilità di svalutarsi a causa dell'inflazione e della quantità di moneta emessa da una banca centrale sul mercato.
Ci sono 4 ragioni sul perché investire in oro:

- L'oro conserva il suo potere d'acquisto: l'oro mantiene il suo valore nel tempo e non viene intaccato dall'inflazione conservando il potere d'acquisto dell'investitore. Il motivo per cui ciò accade è semplice: ogni anno solamente una piccola quantità di oro viene estratta ed immessa sul mercato. Secondo il World Gold Council 175.000 tonnellate di oro sono state estratte nella storia dell'umanità e circa 4000 tonnellate vengono estratte ogni anno. Per questo motivo la quantità di oro, a differenza di qualsiasi valuta, non potrà mai aumentare a dismisura e perdere il suo potere d'acquisto. Investire con questa logica consente anche di evitare il trasferimento di ricchezza tipico che caratterizza le crisi finanziarie ed economiche. È anche l'investimento più semplice e più di lungo periodo: si compra oro e lo si lascia lì sperando di non doverne avere mai bisogno.

- Aumentare la propria ricchezza con operazioni a breve termine: alcune persone investono in oro e compiono svariate operazioni di acquisto e vendita per beneficiare delle variazioni di prezzo dell'oro: vendere quando il prezzo sembra alto e comprare quando sembra basso. Questa strategia è più rischiosa e non ha lo scopo di conservare ricchezza ma di cercare di aumentarla scommettendo sul prezzo dell'oro. Questo investimento è di breve periodocomporta regolari operazioni sul mercato dell'oro, comprando e vendendo oro secondo particolari criteri cercando di guadagnare dalle oscillazioni di prezzo.

- Protezione dalle oscillazioni di prezzo dell'oro: opzioni e future sull'oro non sono solo una operazione di speculazione ma per alcuni operatori diventano strumenti di protezione(come un'assicurazione su cui si paga unpremio) contro eventuali forti oscillazioni delprezzo dell'oro che può danneggiare le loro attività imprenditoriali. Questo è un tipo di investimento utilizzato da speculatori (per poter fare uso della leva assumendo maggiori rischi e con maggiori guadagni o perdite potenziali) e da imprese che necessitano di proteggersi dalle oscillazioni del prezzo dell'oro. Anche questa strategia è solitamente di breve periodo con operazioni regolari a seconda delle necessità.

- Vantaggi fiscali: l'investimento in oro è agevolato dalla mancata applicazione dell'IVA. Infatti a differenza di altri tipi di investimento che consentono di acquisire la proprietà del bene (immobili, argento, ecc.) investire in oro permette di effettuare un investimento senza dover pagare l'IVA.

Per i motivi indicati, investire in oro conviene se le proprie aspettative sono quelle di mantenere il proprio potere d'acquisto in una strategia di investimento a lungo termine. Questo determina la possibilità di vedere delle fluttuazioni a breve termine che possono generare perdite o guadagni nel caso si decida di liquidare l'investimento. Nel breve periodo la volatilità, ovvero l'oscillazione del prezzo dell'oro può essere molto elevata. Gli investimenti in oro dovrebbero venire considerati nell'ambito di una strategia di diversificazione del rischio, ove i propri risparmi vengono impiegati in diversi strumenti di investimentoa seconda del tuo personale grado di rischio. La strategia di diversificazione viene in genere attuata per diminuire il rischio insito in ogni investimento. Gli investimenti in oro non vengono intaccati dall'inflazione che colpisce le valute nazionali ed è la migliore protezione della propria ricchezza in unmomento di crisi finanziaria ed economica. Ogni tipo diinvestimento in oro presenta ovviamente vantaggi e svantaggi.

Monete

- Vantaggi: Custodia poco ingombrante. Nessun costo di gestione e possesso se conservate in casa. Bellezza delle monete e valore storico. IVA esente.
- Svantaggi: Commissioni dal 5 al 20% da intermediari. Costi di gestione moderati setenute in cassette di sicurezza.

Lingotti

- Vantaggi: Misure da 1g a 12,5 kg. Nessun costo di gestionc c possesso se tenuti in casa. IVA esente.

Se comprati on-line acquisto e vendita immediati.

- Svantaggi: impossibilità di frazionare l'investimento. Costi di gestione moderati se tenuti in cassette di sicurezza.

Lamine

- Vantaggi: Piccole misure. Possibilità di frazionare l'investimento tagliando le lastre. Nessun costo di gestione se tenute in casa. IVA esente.
- Svantaggi: Costi di gestione moderati se tenute in cassette di sicurezza.

Gioielli

- Vantaggi: Bellezza degli oggetti artistici. Possono essere utilizzati e indossati.
- Svantaggi: IVA 23%. Costi di produzione del gioiello.

E.T.F.

- Vantaggi: Non si deve pensare alla gestione dell'oro. Costi di gestione e intermediazione bassi. Si possono vendere e comprare rapidamente.
- Svantaggi: Non si ha possesso dell'oro.

Opzioni e Futures

- Vantaggi: Possibilità di effettuare la leva e ottenere maggiori guadagni.
- Svantaggi: Strumenti più complicati e rischiosi. Non si possiede l'oro. Si scommette sul suo prezzo assumendo maggiori rischi.

www.ingramcontent.com/pod-product-compliance
Lightning Source LLC
LaVergne TN
LVHW050613200726
843508LV00010B/1835